W0325056

Matteo Renzi

Stil novo

Rizzoli

Proprietà letteraria riservata
© 2012 RCS Libri, S.p.A., Milano

ISBN 978-88-17-05642-7

Prima edizione: aprile 2012

Stil novo

Per Alessia,
che mi piace pensare ancora
in squadra con noi.

«La bellezza non fa le rivoluzioni,
ma viene il giorno
in cui le rivoluzioni hanno bisogno di lei.»

Albert Camus

Non esiste bellezza senza scopo

Questo strano libro è nato una mattina come tante. Il panorama che si può ammirare dalla riva sinistra dell'Arno, nell'inverno illuminato da un timido sole, è per me la cartolina più bella di Firenze. I monumenti sono lì, fedeli, a portata di clic per i pochi turisti infreddoliti di gennaio. Quasi rassicuranti nella loro bellezza. Mentre torno a stupirmi di tanta meraviglia, improvviso mi assale un dubbio: ma serve ancora la bellezza oggi?

Tutti i media, dal quotidiano locale fino al blog globale, insistono sulla crisi finanziaria. Il cittadino medio, che fino a poco tempo fa ignorava il significato di parole come spread, rating, debito pubblico, oramai ne conversa con disinvoltura. Il futuro non sembra più nelle nostre mani. Dipende da una cancelliera tedesca, da un banchiere europeo, da un investitore americano, da un riccone coreano, da un colosso cinese. Un tempo esisteva il popolo sovrano: oggi di sovrano c'è solo il debito. O al massimo, il fondo cui rifilare il tuo debito.

Un curioso miscuglio di inquietudine e rabbia si impadronisce di me quando penso che tre agenzie di rating decidono il destino di comunità, famiglie, interi Paesi.

E mi girano le scatole. Sono le stesse agenzie che solo qualche mese fa hanno portato al tracollo l'intero sistema finanziario mondiale, continuando a incoraggiare gli investimenti nelle banche americane già fallite. Adesso però ci fanno la morale, facendo scontare alle famiglie le responsabilità delle classi dirigenti.

La politica, del resto, ha le sue colpe. I leader si guardano bene dal rischiare: non spingono lo sguardo verso il futuro, ma al massimo fino alle prossime elezioni, preoccupati solo per la propria poltrona.

Goldman Sachs ha realizzato uno studio per cui nel 2050 nessun Paese dell'euro sarà nella top ten delle economie del pianeta? Non importa. Basta che nessuno ne parli e i cittadini non se ne accorgano. È come quando al computer un avviso ti consiglia di installare l'antivirus e tu schiacci il tasto «ricordamelo più tardi».

C'è chi pensa che si possano rinviare i problemi all'infinito, tanto saremo sempre in tempo. Rassegnati all'impotenza, i politici rinunciano all'idea forte, alla visione di ampio respiro. Vivono alla giornata, senza mettere mano, una volta per tutte, alle regole del gioco. Poi, umiliati e sconfitti, lasciano spazio ai tecnici, chiamati a ricostruire sulle macerie della loro pavidità. E nel frattempo sconosciuti signor nessuno, di fronte al proprio monitor, continuano a decidere per tutti. Anche per te, anche per me.

E che si può dire a questi? Che la bellezza salverà il mondo? Gli mandiamo una cartolina del Ponte Vecchio sperando che intenerisca il loro animo? A che serve insomma Firenze? Il discorso vale ovviamente anche per le altre città, quello scrigno prezioso di relazioni umane, di vicende esemplari, di monumenti artistici, di ingegni creativi che fanno del nostro Paese qualcosa di più che un semplice ammasso di codici fiscali. Non possiamo arrenderci alla tecnocrazia. Io credo che la politica debba adottare un nuovo stile. Uno stile che riporti la passione al centro, che sappia emozionare, che riparta dalla bellezza. Perché mi hanno insegnato che la bellezza non può essere inutile. Non esiste bellezza senza scopo. Provo a domandarmi, allora, cosa possa insegnare a me oggi. Sono il sindaco di una città famosa in tutto il mondo per le sue opere d'arte. Ma quello che mi colpisce e mi rapisce di più è la stramba storia della mia città.

La verità è che i fiorentini hanno realizzato un miracolo chiamato Rinascimento, investendo bene quella montagna di soldi che erano stati capaci di guadagnare. Ecco il primo paradosso: questa bellezza non viene dal caso. Non deriva dalla vittoria al Superenalotto del destino. Nasce dai quattrini, dai soldi, dai prodotti finanziari dell'epoca. Nasce dai fiorini di commercianti e imprenditori, di banchieri e politici. Nasce dalla capacità di innovare di tante persone: certo, tra loro ci saranno stati anche molti corrotti, filibustieri, furbacchioni e ladri matricolati. Ma i fiorentini hanno creato prodotti finanziari che sono serviti a qualcosa. Con quei soldi hanno costruito orfanotrofi e ospedali. Hanno dato lavoro agli artisti ma si sono preoccupati di accogliere i bisognosi. Hanno emozionato il cuore con la letteratura e con il teatro. Hanno incoraggiato le imprese, prestando soldi ma anche accompagnando la sfida all'estero: altro che grandi progetti di internazionalizzazione come vanno di moda adesso. Si decideva e si faceva, insieme. Era un altro mondo, intendiamoci. Allora le banche salvavano gli Stati, come accadde ad alcune famiglie fiorentine con la corona inglese. Oggi invece succede il contrario: gli Stati salvano le banche. E dopo averle salvate neanche si sognano di mettere in discussione gli stipendi vergognosi e ultramilionari di quegli stessi manager responsabili dei fallimenti. Fanno i buchi e spariscono, ma riemergono in tempo per incassare il premio di produttività. Come quella generazione di politici che, dopo aver prodotto la voragine chiamata debito pubblico, pensa di ripresentarsi alle prossime elezioni, facendo finta di niente.

Dalla lingua al telefono, dal calcio al teatro, dai bambini al ruolo delle donne nella società, Firenze regala sorprese. Forse troverete eccessivi alcuni paralleli. Vi meraviglierà scoprire che il catasto fiorentino del 1427 aveva già inventato la riforma fiscale di cui avremmo bisogno oggi; scaricare tutto, scaricare tutti era possibile prima ancora che fosse scoperta l'America.

Forse non avete mai pensato al granduca Cosimo come a un rottamatore *ante litteram* o ai Medici come a banchieri favorevoli alla patrimoniale. Considerare Dante un modello per la sinistra probabilmente vi stupirà, e di sicuro stupirebbe lui. Qualcuno riterrà fuori luogo il paragone tra il «tecnico» Machiavelli e i tecnici alla Mario Monti, tra la burocrazia ai tempi del Vasari e quella odierna o ancora tra l'Umanesimo e la rivoluzione digitale proposta da Steve Jobs. I puristi si scandalizzeranno. E naturalmente noi ce ne faremo una ragione.

Non è un libro di storia, ovviamente. E del resto non ci basta il passato. Il mio intento è capire infatti se questa città, così unica nel panorama della storia mondiale, può dirmi qualcosa sui nostri tempi. Non credo che usciremo dalle difficoltà solo con una manovra finanziaria. Certo, la questione economica è decisiva. E ancora più decisivo – per i mesi che verranno – è il problema dell'accesso al credito, per famiglie e aziende. Tuttavia abbiamo bisogno anche di altro, qualcosa di più importante. Pensiamoci, che cosa ci tiene insieme, ci fa sognare, ci lega gli uni agli altri? Che cosa ci rende un popolo e non solo un insieme di persone? Che cosa ci costituisce patria della bellezza e non regno della volgarità? C'è una dimensione estetica della bellezza che si afferma in tutta la sua forza a Firenze. Impossibile non restarne colpiti. Tuttavia è la rilevanza etica che la bellezza assume ad aver reso questa terra un luogo speciale nel corso dei secoli. Ci sono monumenti e capolavori artistici. Ma non sono mai slegati dalla dimensione sociale, si tratti di una biblioteca o di un orfanotrofio, di un ospedale o di una chiesa. Non sono opere d'arte fini a se stesse: sono offerte ai cittadini perché possano usarle, sono pensate per la vita quotidiana. Perché, secondo i Medici, la qualità dei governanti si misura dalla cultura dei cittadini.

Il Rinascimento si sviluppa a Firenze anche perché i trovatelli degli Innocenti ricevono la stessa educazione dei figli delle famiglie ricche, perché esiste una cultura matematica da far impallidire le statistiche di oggi, perché c'è un riconoscimento del valore del capitale umano che non ha eguali nell'Europa del tempo. Firenze non diventa bella in quegli anni grazie a un'intelligente opera cosmetica. Diventa bella, bellissima perché è viva e investe tutto ciò che può sul talento. A Firenze prevale chi sa, non chi ha: e non è solo un gioco di consonanti ma un profondo cambio di prospettiva. Questo è il vero capolavoro della Firenze dell'epoca: la possibilità che offre ai cittadini, più che le pale d'altare o gli strabilianti affreschi.

Inutile dire come questo messaggio sia molto attuale. Il primo dramma dell'Italia non è il debito pubblico ma lo spreco di risorse umane. Penso ai quasi due milioni di bambini italiani che partono svantaggiati nella vita perché questo Paese non garantisce loro l'uguaglianza sostanziale prescritta dalla nostra Costituzione e li penalizza in ragione della loro nascita, non dei loro limiti. Penso ai giovani formati, magari cresciuti con il mito della laurea, che ottenuto il foglio di carta si ritrovano a fare tutt'altro. Che spreco di tempo, di denaro, di passione! Penso ai salari, i più bassi d'Europa. Un amico imprenditore che ha un'azienda con sede a Firenze e in Germania mi spiegava che nei due Paesi i lavoratori svolgono gli stessi compiti, e li svolgono bene. L'operaio italiano è qualificato, capace. Per lui l'imprenditore paga tremila euro al mese, ma lui se ne mette in tasca meno della metà. Per il tedesco paga cinquemila euro e lui se ne mette in tasca più di tremila. Qualcosa vorrà dire, no?

In questa strana stagione della vita politica italiana, provo dunque a riflettere su Firenze. Anche sui fiorentini, certo: attaccabrighe e polemici, capaci di farsi spellare per una battuta. Ma innamorati della propria terra e profondamente appassionati delle proprie radici. Del resto se si vuol governare un territorio gli si deve voler bene, come si vuol bene agli amici. Altrimenti si rischia di rimanere semplicemente un grigio funzionario della quotidianità.

Voler bene alla terra che si governa, dunque, è la prima regola del gioco. Ma nonostante questo, scrivere di Firenze è difficile. Forse arrogante. Per qualcuno persino inutile. Poche parole sono abusate come «una terra unica al mondo». Però, dico, trovatemela voi un'altra città che abbia dato i natali a tanti artisti e pensatori, con i suoi pregi e con le sue meraviglie. E pure con i suoi difetti, che non sono pochi, anche se i fiorentini, talvolta, fingono di non ricordarlo.

Scrivo per me, è ovvio. Per rinnovare il senso di ciò che faccio quotidianamente. Fare politica non è mai facile, e in questo periodo a maggior ragione. Ma occuparsi di una città come Firenze è un'impresa eccezionale e ogni giorno lo stupore si rinnova. Scrivo per la mia squadra, perché si ricordi sempre che abbiamo un'occasione straordinaria e irripetibile: possiamo incidere un piccolo segno in una storia molto più grande di noi. Considero un dono la possibilità di prendersi cura di questo luogo: dobbiamo essere animati da una grande umiltà ma anche dalla responsabilità e dalla consapevolezza del nostro ruolo. Scrivo per i non fiorentini, quelli che già conoscono Firenze e quelli che stanno pensando di venirci per la prima volta. Senza «i forestieri» questa città non sarebbe quella che è. Può sembrare un paradosso ma è così: il senso dell'identità di questa terra ci è stato insegnato soprattutto dagli stranieri, non dai cittadini. E scrivo per i fiorentini, perché possano essere sempre più consapevoli che questa città non è un set per turisti ma una miniera di sensazioni ed emozioni vive, presenti, radicate. Ma in verità scrivo soprattutto per i miei figli, perché sappiano qual è il motivo di tanta passione, qual è la causa di tante serate trascorse lontano da loro. Un amore non si giustifica, ma si racconta. O, almeno, ci si può provare.

Firenze incanta e sorprende: ogni angolo nasconde una storia speciale. Anelli di secoli sono tenuti insieme dalle incredibili vicende di personaggi profondamente diversi l'uno dall'altro ma accomunati da un tratto di genialità. Alcune tra le più grandi menti della storia, tutte insieme, nello stesso luogo e nello stesso momento storico. Cos'è successo? Qual è il segreto? In cosa consiste la magica alchimia che ha prodotto un risultato del genere? Camminando per Firenze sembra quasi di calpestare l'eternità.

Ma Firenze fa anche arrabbiare, specie quando la volgarità e la mediocrità tagliano la strada alla bellezza: anche questa città, patria dell'arte e della cultura, si fa spesso raggiungere dalla mucillagine del banale.

Sarei felice se questo libro risvegliasse in voi semplicemente la voglia di tornare a camminare a piedi, ascoltare solo il ritmo dei vostri passi nel cuore della mia città. Per stupirvi e commuovervi, per riconoscervi cittadini del mondo. Il viaggio a Firenze, infatti, non è semplicemente la tappa di un tour obbligato: «Ma come? Non sei mai stato a Firenze?». Deve essere soprattutto una provocazione, una riflessione per avvertire il desiderio di tornare a casa, la vostra, e di riprendere il proprio cammino, ricchi di un'emozione nuova. Ma anche pieni di domande nuove. Partiamo?

1
Farinata e la politica di oggi

Agli inizi del Duecento Firenze non era ancora una delle capitali del mondo e il numero delle sue torri già lasciava interdetti: oltre centocinquanta nella prima cerchia di mura, alte fino a settantacinque metri.

Una sorta di Manhattan *ante litteram*? Sì e no. Perché è vero che Firenze era la capitale mondiale dell'economia. E in una di queste torri, la torre della Zecca, visibile ancora oggi, si coniava il fiorino, il dollaro dell'epoca. Ma è anche vero che quelle torri venivano erette per un'esigenza di sicurezza.

Le torri erano infatti figlie della paura, simbolo di una città sospettosa, in cui gli uni e gli altri si guardavano in cagnesco: piccole fortezze più che arditi progetti architettonici. E consentivano di difendersi. Non a caso, quando le istituzioni cittadine diventano forti, il primo gesto che impongono è lo scapitozzamento, cioè l'abbattimento di diversi piani delle torri familiari. Perché la torre respinge l'idea di comunità in favore del clan.

Ma se si vuole provare a capire Firenze occorre abbracciarla dall'alto per ammirarla nella sua interezza e non restare ancorati a una visione parziale. Ci sono molte possibilità: la torre di San Niccolò, per esempio, appena riaperta al pubblico, con i suoi centosessanta gradini consente non solo di godere una visuale mozzafiato ma anche di risparmiare un paio di sedute di palestra. Altri scelgono invece di salire sulla collina di Fiesole o ancora a Villa Bardini, con il suo splendido giardino.

Io personalmente ho sempre preferito l'altra vista, quella che si apprezza dalla riva sinistra dell'Arno alle pendici delle colline di San Miniato e Arcetri, e la prospettiva che si ammira da piazzale Michelangelo.

Ci si arriva a piedi, dalle rampe, fiancheggiando il Lungarno Cellini e poi inerpicandosi sulla collina lungo una via panoramica: di solito i turisti ci vengono in bus, ma non sanno cosa si perdono. L'ha progettato nel XIX secolo un architetto fondamentale nella storia di Firenze, Giuseppe Poggi. Adesso è come se fosse la terrazza di casa.

Poggi ha lasciato un segno profondo nella città. È stato lui ad abbattere le mura, lasciando solo qualche porta, qualche piccolo tratto e realizzando un anello di viali sul modello dei *boulevards* parigini. Accidenti a lui, mi verrebbe da dire; quanto sarebbe scenografica una città come Firenze ancora circondata dalle vecchie mura? Ma quando arrivano gli anni Sessanta dell'Ottocento, il re Vittorio Emanuele II lascia Torino per trasferirsi nella nuova capitale, a Palazzo Pitti, e Firenze pensa di doversi aprire alla modernità. Peccato che il Regno si sia fermato qui solo sei anni e ancora oggi qualcuno rimpianga quella scelta: al posto delle mura, infatti, c'è un muro di macchine che usano i viali come la circonvallazione che Firenze non ha mai avuto.

Da quassù non mancano piccole nicchie da cui godere uno scorcio diverso dal solito. Per me il posto più bello resta la chiesa di San Miniato. In città può capitare di scorgerla quasi all'improvviso. Ed è talmente bella, incastonata sulla collina, da ricordare il disegno di un bambino. Vista dal basso San Miniato sembra quasi prendere la rincorsa contro il cielo. O verso il cielo, dipende dai punti di vista. Vale sempre la pena di spenderci un po' di tempo facendosi interrogare e incuriosire. Gustando il silenzio della cripta o provando a penetrare i segreti numerologici su cui è costruita. Ma quando si esce fuori dalla chiesa, da quelli che un grande poeta come Mario Luzi definiva «gli spalti di pace», è Firenze che appare in tutta la sua armonia.

Sì, proprio armonia. Perché c'è una linearità, una sorta di dolcezza tutta femminile nel panorama. Si ha come l'impressione di cogliere l'attimo esatto in cui sboccia la primavera, l'istante preciso in cui il fiore si apre alla vita. Firenze si offre quasi nuda, con tutte le sue attrattive in bella vista: la cupola del Brunelleschi simbolo vivente e vincente della sfida, la torre d'Arnolfo, la Sinagoga, la torre del Bargello e il campanile della Badia.

A sapere la verità, però, si corre il rischio di restarci male. Ma quale armonia e armonia! Questa città nasce e cresce nelle divisioni più aspre, nei litigi più furenti. I fiorentini sono abituati a bisticciare fin da piccoli. Questa è la città del caos, dell'intrigo generalizzato, della polemica a tutti i costi, della divisione netta. E per molti aspetti è bene che sia così: a Firenze si preferisce discutere che dar ragione. Sempre con l'ironia e il sorriso sulle labbra. Oddio, in passato non è che si ridesse tanto. Se le davano di santa ragione, sia chiaro. Complotti, tradimenti, assassini. Firenze è passata alla storia come la città divisa tra guelfi, sostenitori del papa, e ghibellini, vicini all'imperatore. E poi, quando i ghibellini sono stati definitivamente sconfitti, tra guelfi bianchi e guelfi neri, così per non perdere il vizio. Ci è stata offerta un'immagine nobile di questa divisione, una motivazione ideologica. Ma non è che possiamo bercela così, tutta d'un fiato. Rivestire di nobiltà certe scaramucce familiari e personali è sempre stato uno degli sport preferiti da queste parti.

In verità, pare che tutto abbia avuto origine nel 1216, e più precisamente il giorno delle nozze tra Buondelmonte de' Buondelmonti e Reparata Amidei. Non c'è bisogno di risalire al Manzoni per sapere che il matrimonio che non s'ha da fare è un *topos* letterario molto inflazionato. Nel caso di specie le cose pare fossero andate così: nel corso di un banale alterco in osteria, Buondelmonte ferisce Oddo Arrighi. Per punirlo si decide che avrebbe dovuto sposare la nipote di Oddo. Bruttina, diciamo la verità. E neanche messa bene economicamente. Buondelmonte accetta, così da chiudere la pratica. Ma, novella Eva, un'importante madonna fiorentina, lady Gualdrada Donati, lo alletta: «Ma come? Sei così bello, così giovane, così importante e ti sposi la racchiona? Perché non prendi una delle mie belle figlie, per di più ricche di famiglia? E non preoccuparti per le sanzioni economiche: penserò a tutto io, pagherò io la cifra necessaria per la rottura del fidanzamento».

Hai capito, la signora? Buondelmonte, che era fatto di carne, non se lo fa ripetere due volte. Solo che la fazione degli Arrighi – dopo una riunione con la famiglia al gran completo tenuta nella chiesa di Borgo San Jacopo, vicino al Ponte Vecchio – decide che era troppo comoda cavarsela con una multa. Così, la domenica delle nozze, senza fare troppi discorsi, il caro Buondelmonte non arriva neanche in chiesa ma viene ucciso all'altezza del Ponte Vecchio. E lì, per utilizzare un tecnicismo, parte la bambola. Botte da orbi per decenni. Ma litigare solo per un matrimonio finito male – o forse sarebbe il caso di dire neanche iniziato – pare un po' riduttivo. E allora niente di meglio che buttarla in politica. Gli uni con il papa, gli altri con l'imperatore: più preoccupati di salvare la pelle che non per convinzioni profonde. Altro che motivi ideologici, insomma: vino, denaro e qualche bella fanciulla, così nascono le rivalità tra famiglie a Firenze. Ovviamente, se ascoltate gli storici vi diranno che questa ricostruzione è parziale e superficiale. Lo ammetto anch'io, sia chiaro. Ma non è che vi dovete preparare a un esame universitario: state assaggiando una città. E, credetemi, le cose sono andate più o meno così. Ci fosse stata anche la pubblicità sarebbe stato peggio di *Beautiful*.

D'altronde, più ci penso e più mi convinco che l'intreccio tra slanci nobili e bassi a Firenze faccia parte delle regole del gioco. Firenze unisce la faziosità delle parti e l'anelito di giustizia che porta a creare istituzioni molto raffinate. In alcuni casi anche troppo raffinate, come vedremo quando ci occuperemo di Palazzo Vecchio. Contiene le bestemmie più colorite e i tabernacoli più belli, la tortura più atroce e l'abolizione della pena di morte, il volgare e il sublime. Non è possibile un racconto unitario, soave e coerente come una fiaba per bambini.

Ma c'è un legame fortissimo tra Firenze e i fiorentini: lo strepitoso amore per la propria comunità. La profonda rivalità personale non cancella il comune immenso attaccamento alla propria città. La violenza porta a porta non elimina l'orgoglio condiviso. Difficile trovare per questo un simbolo più adatto di Farinata degli Uberti.

Farinata è un esule ghibellino che combatte insieme ai senesi contro la Firenze dei guelfi il 4 settembre del 1260 a Montaperti. Una battaglia dura, spietata, che tinge di sangue l'acqua del fiume Arbia, tanto da farla «colorata in rosso», come scriverà Dante. Da allora i senesi considerano quella vittoria come un totem. Se capita di giocare nel campionato di calcio una partita tra Fiorentina e Siena e per caso vince la Fiorentina, i tifosi senesi si consolano: «Tanto noi s'è vinto a Montaperti». Appena sette secoli e mezzo prima, verrebbe da rispondere. E rubando, direbbero i fiorentini. Già. Perché per la sconfitta di Firenze fu decisivo il tradimento di Bocca degli Abati, che pur essendo al fianco dei guelfi, per interessi familiari era di parte ghibellina. Mozzando la mano al portabandiera Jacopo de' Pazzi e facendo cadere lo stendardo, lasciò la cavalleria gigliata senza direzione, allo sbando, e consentì così a senesi e ghibellini di avere la meglio. C'era anche Farinata tra quelli che diedero una sonora lezione ai guelfi. E quando i capi ghibellini si riunirono a Empoli per decidere se radere al suolo la città fu il solo a schierarsi contro questa scelta, facendolo «a viso aperto» – secondo l'espressione che Dante gli mette in bocca nel (bellissimo) X canto dell'Inferno – e impedendo una distruzione drammatica.

Un eroe, dunque. Un uomo capace di salvare nel senso letterale del termine l'intera città. I fiorentini gli faranno fare una fine terribile con quella ingratitudine che rischia di diventare un marchio di fabbrica: diciannove anni dopo la sua morte, lo disseppelliranno, lo condanneranno e lo bruceranno, spargendo le ceneri nell'Arno. Della serie, vatti a fidare della riconoscenza.

Ma Farinata è un modello perché salva la sua città, contro un naturale e legittimo (per quel tempo) desiderio di vendetta. Quando la tua città viene prima del tuo partito ti dimostri un vero statista. E uno statista ci mette la faccia, parla a viso aperto, si espone. Esattamente il contrario di quello che accade oggi. Avete forse bisogno dell'elenco di tutte le volte in cui la politica sembra avere paura di parlare il linguaggio della verità?

Ma la lezione di Farinata va oltre il coraggio personale e assume il senso di un messaggio sociale. Non si sta insieme solo per un fine politico o economico, bensì per valori condivisi, per un linguaggio comune, per un'idealità diffusa. Senza un'identità precisa, come quella che Farinata esprime con la passione e la dignità che il suo ruolo gli consente, l'idea stessa di città si sgretola.

Uno dei pensatori più interessanti del nostro tempo, James Hillman, nel suo saggio del 1978 *Politica della bellezza* ha messo in guardia dal rischio: «Un tempo, i barbari che attaccavano la civiltà venivano da fuori le mura. Oggi, spuntano dal nostro stesso grembo, allevati nelle nostre stesse case. Il barbaro è quella parte di noi alla quale la città non parla, quell'anima dentro di noi che non ha trovato una casa nelle sue periferie».

Ci sono diversi tipi di barbari nelle nostre città, in particolar modo nelle nuove generazioni. Credo che Farinata degli Uberti rappresenti una via per vincere i rischi della barbarie: è l'appartenenza che si fa orgoglio. Purché sia a viso aperto, franco, trasparente. E oggi mi pare naturale che sia compito della politica trovare nuove forme per esprimere quest'attenzione. Penso agli eventi culturali, in primis. Mi torna in mente la prima Notte Bianca della mia amministrazione e il moto di emozione che mi regalò Leonardo, ventitré anni, studente di ingegneria, quando visitando i monumenti di Firenze mi disse: «Sindaco, stanotte ho capito che questa città è anche un po' mia». Ma credo che non basti. Ormai è maturo il tempo in cui l'Italia regolarizzi il servizio civile obbligatorio, la cui introduzione è stata richiesta da molte associazioni e dal settimanale «Vita», la più autorevole testata del terzo settore in Italia. Come la naja vecchio stile riservata solo ai maschietti non aveva più senso ed è stata giustamente abolita, così oggi è fondamentale che i ventenni dedichino qualche mese a esperienze comunitarie di attenzione agli altri, di protezione civile, di solidarietà e formazione. In tanti storcono il naso, ma io sarei felice, come padre prima ancora che come politico, se sapessi che per i miei figli lo Stato ha previsto un periodo di volontariato e di attenzione agli altri.

La città vista da quassù, da San Miniato, appartiene, identifica, umanizza. Parla a chi ha voglia di ascoltare.

Tutto richiama a un'identità comune, persino le colline. Ringraziate il Cielo che non sia stato ascoltato chi voleva costruire su quelle colline incantate che vegliano la comunità. Dicevano che in nome della qualità della vita sarebbe stato giusto edificare anche lì, poi fortunatamente non se n'è fatto nulla.

Mi torna in mente la stima di una recente ricerca commissionata da Fai e Wwf: nei prossimi vent'anni scompariranno ogni giorno settantacinque ettari di paesaggio in Italia. Penso che chi amministra a livello locale non si possa limitare a gridare, ma abbia anzi il dovere di agire. Da parte nostra ci abbiamo provato. Essere ambientalisti non significa dotarsi di un paraocchi ideologico. Noi abbiamo dato massima priorità agli interventi di termovalorizzazione e di depurazione. Come si può essere credibili se si mandano all'estero i propri rifiuti? Come si può essere credibili se si sputano nel fiume o in mare i liquami dei cittadini? E allo stesso modo siamo stati la prima grande città italiana a dire basta al consumo selvaggio del suolo. Per questo sono particolarmente fiero del piano strutturale a «volumi zero», senza utilizzo di suolo, approvato dalla mia amministrazione. Ho subìto dure contestazioni su questo punto, in particolar modo da chi mi ha accusato di aver messo in ginocchio interi settori di economia reale. Dobbiamo avere la forza di sconfiggere il pensiero debole dei poteri forti, o presunti tali. E dunque è tempo di uscire dall'ipoteca culturale che le cooperative edilizie hanno messo sul nostro tempo. L'idea che lo sviluppo si colleghi solo al cemento, a nuovo consumo di suolo. L'ennesima massa di nuove villette a schiera serve a loro e ai loro bilanci, non a noi.

Basta con questa sottomissione culturale a sua maestà il mattone quando le nostre città sono piene di edifici vuoti, abbandonati, il cui riutilizzo è ostacolato da norme burocratiche asfissianti. Si recuperi, prima di rubare altro spazio alle nuove generazioni. Mi stupisce che dopo due anni dalla nostra scelta nessun giornale nazionale abbia dedicato grande attenzione a questo tema. Siamo la prima città che blocca il consumo di suolo, ma questo non interessa, non appassiona. Quando ne discuto con amici giornalisti mi rispondono che sono questioni locali. Se rilascio un'intervista sulle scelte vincenti (o non vincenti, ma questo è un altro tema) del segretario nazionale del mio partito mi dedicano settanta righe e il titolone. Se invece parlo di cambiare la politica urbanistica delle nostre città, che – converrete – è un tema molto più concreto per la vita quotidiana, non mi filano neanche di striscio. Mi colpisce che in tre anni l'unico riferimento su un quotidiano nazionale a questa nostra scelta amministrativa sia stato un lungo articolo sul «Corriere della Sera» di Adriano Celentano. Sì, proprio lui. Nessun altro. Buffo, no?

La scarsa sensibilità dei media su questo argomento è un vero problema per chi governa il territorio perché non aiuta ad affrontare le questioni più delicate. Non capisco, ad esempio, perché lo Stato debba gettare centinaia di milioni di euro in apparecchiature militari inutili e contemporaneamente non valorizzare l'enorme patrimonio edilizio a disposizione di tre tenenti e un generale che sono i primi a non sapere cosa fare di quegli enormi spazi vacanti, avendo perso da tempo l'abitudine di giocare a nascondino.

Solo nella mia città, sono più di dieci le aree che potrebbero essere recuperate per la comunità immediatamente. E che potrebbero dare un notevole impulso sia al settore delle costruzioni civili oggi sia alla vita sociale delle famiglie domani. Signori del governo, esimi rappresentanti della burocrazia centrale, le città hanno fame di asili nido, di case per le giovani coppie, di spazi di socialità per gli anziani, di luoghi dove incrociarsi e tornare a parlarsi. Le caserme abbandonate sono lo spreco più grande perché certificano un'impotenza quando va bene, un disinteresse quando va male. Una stima del 2011 dell'Anci, l'Associazione nazionale dei comuni italiani, indica cifre da capogiro: con le caserme semivuote e abbandonate si potrebbero realizzare almeno diecimila abitazioni con le relative strutture pubbliche.

A Firenze qualcosa è stato fatto. Il vecchio carcere, chiamato Le Murate, è divenuto oggi un luogo indispensabile per la città. L'idea di fondo venne concepita da Renzo Piano per poi essere realizzata da un team di tecnici del comune, elemento molto gratificante che dimostra come anche nel pubblico possa esservi qualità. Una sessantina di appartamenti di edilizia popolare sono stati ricavati e inseriti in un complesso impreziosito dalla presenza di un centro per l'arte contemporanea, un caffè letterario, piccole residenze per artisti e dissidenti politici e la sede europea della Fondazione che porta il nome di Bob Kennedy.

E lo stesso principio guida il nuovo progetto di utilizzo del Forte Belvedere, che da piazzale Michelangelo si intravede dando le spalle alla città, a destra.

Una fortezza costruita in chiave difensiva, naturalmente, e che per molto tempo ha avuto funzioni di controllo militare. I fiorentini non hanno mai avuto il dna del guerriero nel sangue, se escludiamo qualche caso isolato a partire da uno dei figli cadetti dei Medici, Giovanni dalle Bande Nere. Per carità, singoli esempi di eroismo si sono verificati in tante epoche, tuttavia pare difficile etichettare Firenze come terra belligerante. L'arma più famosa del Forte tuttavia rimane un cannone, che sparava solo a salve, un colpo secco all'una di pomeriggio (ancora oggi l'espressione «il tocco» a Firenze indica le 13), e per questo era chiamato familiarmente il «cannone delle pastasciutte». Non proprio una terminologia da manuale di guerra, insomma.

Mi affascina l'idea che un forte divenga oggi la sede di convegni, iniziative, confronti sui temi della democrazia e della libertà, un progetto portato avanti con la collaborazione delle università soprattutto americane. Basta aprire una qualsiasi pagina web per rendersi conto di come la voglia di democrazia e di libertà stia crescendo nelle società di tutto il pianeta. Persino la prestigiosa rivista americana «Time» ha indicato nel «dissidente» l'uomo dell'anno 2011, dopo la stagione di rivoluzione apertasi soprattutto, ma non esclusivamente, nel Mediterraneo. Nel progetto del Forte Belvedere abbiamo coinvolto le università presenti sul territorio e gli studenti che arrivano qui da ogni parte del mondo, a partire dalla foltissima e qualificata presenza di americani. La tappa a Firenze del cammino di studio di un ragazzo di Chicago o Portland non può limitarsi a qualche mese di bella vita in città: non sono qui soltanto per bere un bicchiere di Chianti, la sera, nei locali del centro. Sono qui per vivere un'esperienza unica. Un'esperienza che mostri loro una cultura viva, dove le impronte del passato servono a indirizzare il cammino futuro.

Una città non è un ammasso casuale di pietre. Ha un'anima che parla e che va ascoltata.

2
Dante e il linguaggio della sinistra

Diciamoci la verità, a Firenze ci sono cose meravigliose, che spaccano il pensiero. Non è un caso se la sindrome di Stendhal sia nata qui. Nel 1817, durante il suo *grand tour* lungo l'Italia, lo scrittore fa tappa a Firenze: «Ero giunto a quel livello di emozione dove si incontrano le sensazioni celesti date dalle arti ed i sentimenti appassionati. Uscendo da Santa Croce, ebbi un battito del cuore, la vita per me si era inaridita, camminavo temendo di cadere». I pisani sosterranno probabilmente che avesse avuto solo un calo di zuccheri. Ma alla storia è passata l'idea che si trattasse di qualcosa di più serio: una fortissima emozione legata al bello.

Se vogliamo essere onesti, però, a Firenze non mancano nemmeno le autentiche cialtronate, che andrebbero proibite con un'ordinanza. Ma siamo in democrazia e non si può fare. Allora limitiamoci a dire che non vanno viste. Punto. Ne indico una per tutte: la casa di Dante Alighieri. Scrivo anche l'indirizzo, perché non abbiate dubbi: via Santa Margherita, 1.

Perché mai scartare a priori la casa del Sommo Poeta? Qualcosa contro Dante? Macché. Io lo adoro e appartengo a quegli appassionati che rimangono imbambolati quando leggono dell'amore tra Paolo e Francesca, quando pensano alla sfida intellettuale di Ulisse o quando ascoltano le parole del XXXIII canto del Paradiso, la preghiera alla Vergine.

E allora perché prendersela così con la casa di Dante? Per l'ottimo motivo che quella non è la casa di Dante. È un falso, chiaramente un falso, dichiaratamente un falso. Gli esperti non ce la lasciano abbattere o ignorare perché si tratta di un allestimento del XIX secolo teso alla riproduzione filologica della dimora. Ed è quindi intoccabile. Non so quanto possa interessare al mondo di oggi una riflessione sul rapporto tra il Trecento e la storicizzazione ottocentesca. Vedo però – molto più banalmente – che mostrano ai turisti la casa di Dante come a Disneyland esibiscono quella di Biancaneve e dei sette nani. Manca solo che esca Brontolo a chiedere se si può fare un po' meno casino perché Pisolo sta dormendo.

Sono sicuro che se Dante fosse in vita scriverebbe sul suo blog parole al vetriolo contro questa assurdità. Seppellirebbe il furore storicistico dell'Ottocento con un *tweet*, facendo arrabbiare i custodi dell'ortodossia ma entusiasmando i suoi numerosi *followers*. Se fate i conti, alcune terzine funzionerebbero benissimo nella logica dei centoquaranta caratteri: «Ahi serva Italia, di dolore ostello / nave sanza nocchiere in gran tempesta / non donna di provincie ma bordello!» o ancora «Fatti non foste a viver come bruti / ma per seguir virtute e canoscenza», cosa che ci fa bene ricordare sempre.

Siamo noi che dell'Alighieri abbiamo un'immagine grigia, astratta, polverosa. Per rovinare la sua reputazione si sono industriati in tanti, a partire naturalmente dalla pubblica istruzione che ci ha costretti a studiarlo controvoglia. Dante appartiene a quei personaggi rovinati dalla scuola. Ce lo figuriamo sempre uguale, sempre nel mezzo del cammino, noioso come la spiegazione di un professore arrugginito. E non ne faccio una questione di età: si può essere arrugginiti a trent'anni come appassionati a ottanta. Non è un fatto anagrafico. È che i professori sono sì sottopagati e non rispettati per la loro funzione formativa, ma è anche vero che spesso sprecano la grande possibilità che hanno tra le mani: educare alla libertà intere generazioni. E farle innamorare dei grandi personaggi del passato. Con Dante non tutti ci riescono, anzi...

Spesso ce lo presentano in modo monotono. E invece Dante era un ganzo. Amava l'amore, amava la politica, amava le passioni forti. Detta male: gli garbava vivere. E certamente era un uomo a colori, non una statua in scala di grigi come ormai ci siamo abituati a immaginarlo. Già, la statua. Quella benedetta statua di piazza Santa Croce! Bella, per carità. Ma è impossibile provare simpatia per un uomo così corrucciato, che sembra arrabbiato anche con la primavera, con quel gesto del corpo che sembra usare il mantello per scacciare le mosche.

Dante era fiorentino fino al midollo, anche se dichiara di esserlo «per nascita, non per costume», con chiaro riferimento polemico (che strano, un fiorentino polemico!) agli standard etici dei suoi concittadini. Era fiorentino anche nei difetti. Un abitante della città del giglio rimpiangerà sempre il passato, ricorderà comunque con nostalgia i giorni che furono. E se ci fosse il club del rimpianto, l'Alighieri potrebbe giocarsi la presidenza senza troppi timori. Del resto rimpiange la Firenze pudica (pudica? Quando mai, scusi messer Dante?) e si lamenta della «gente nova» attratta dai «subiti guadagni».

E pensare che dopo di lui verranno Petrarca e Boccaccio, l'Umanesimo e il Rinascimento, l'arte politica di Machiavelli e il metodo sperimentale di Galileo, i Medici e i Lorena, l'Unità d'Italia e Firenze capitale, il Novecento e i giorni nostri eccetera eccetera.

I fiorentini sono così. Hanno da dire e soprattutto da ridire su tutto. Provate a fare un salto nel tempo, un tuffo carpiato in avanti, massimo coefficiente di difficoltà. E arrivate al XX secolo. Prendete un fiorentino a caso, ben lontano da Dante come cultura e formazione: Ginettaccio Bartali, il grande campione delle due ruote. L'uomo che vincendo un Tour de France salvò l'Italia scossa dall'attentato a Togliatti, secondo i media dell'epoca. Qual era il suo motto? «Gli è tutto sbagliato, gli è tutto da rifare.» Non propriamente un inno all'ottimismo. In realtà Bartali non utilizzava quella frase come alibi per il proprio disimpegno. È tutto sbagliato, è tutto da rifare, ma io corro. Io ci provo. Io me la gioco. Molti conoscono la storia di Bartali atleta, ma pochi ricordano che è stato un grande eroe durante la Seconda guerra mondiale, rischiando più volte la vita per salvare intere famiglie di ebrei. Lo faceva magari borbottando: «Gli è tutto sbagliato, gli è tutto da rifare». Ma lo faceva sul serio. E oggi è considerato un'icona, uno dei Giusti delle nazioni.

Firenze è così. Qualcuno sostiene che sia una città imbolsita, finita, morta. E il passato così grande da opprimerla. Ma Firenze ha sempre qualche colpo a sorpresa, da tirare fuori in modo quasi incomprensibile. Mai vista una città del genere, capace di ubriacarsi di genio quasi senza accorgersene.

Non si fa in tempo a dire che «è morta» e subito si viene sorpresi da qualcosa di nuovo e di grande. Che magari non si condivide, ma che ha il dono di spiazzare. E spostare dalle false certezze.

Firenze ha fatto Dante, e Dante ha fatto l'Italia. O perlomeno l'italiano. E ha contribuito all'unificazione molto più dei Savoia o di Garibaldi. Ha costituito la precondizione, preciserebbero gli esperti del politichese. Lo so, la maggioranza non sarà d'accordo. Ma lo dico lo stesso anche se per qualcuno la sto sparando grossa. Non crederete mica che l'identità di un popolo si formi sui confini amministrativi di accordi e referendum? Non penserete davvero che ciò che ci unisce sia il fatto di votare nello stesso seggio elettorale? Per carità, può darsi che mi sbagli di grosso ma per me l'identità di un popolo si basa innanzitutto sulla sua cultura, sulle emozioni che derivano da un *idem sentire*, prima ancora che sull'appartenenza politica o geografica. E Dante ha inventato l'italiano riuscendo nel brillante paradosso di fondare un'appartenenza proprio dall'esilio: espulso dalla tavola comunitaria e costretto a mangiare «lo pane altrui».

Io sono convinto che Dante era di sinistra, anche se non lo sapeva. Cioè, lui non sapeva che sarebbe stato utile alla sinistra italiana del XXI secolo. Poveretto, in esilio aveva già sufficienti amarezze di suo per sopportare anche questa. Il problema è che pure la sinistra italiana del XXI secolo ignora quanto potrebbe essere utile imparare dal Sommo Poeta per trovare un nuovo stile. Perché Dante usa il volgare, una straordinaria operazione che rende la cultura accessibile a tutti. Fino a quel momento, infatti, il volgare era usato solo per le cose quotidiane, ma la cultura restava appannaggio esclusivo del latino, la vera lingua universale. Nessuno che volesse essere minimamente preso in considerazione poteva usare il volgare. Dante invece lo rende una lingua perfetta. Crea l'italiano anche se probabilmente non ne è consapevole, pur avendo una sufficiente dose di autostima, diciamo così. Ma soprattutto cancella la distinzione tra cittadini di serie A e di serie B: è come se spedisse all'inferno gli snob e i radical-chic. Con il volgare, Dante scrive dell'uomo e della donna, del loro dolore, della loro bellezza. Giunge sino a Dio. E lo fa in modo da arrivare a tutti.

Molta gente crede che sia cultura solo ciò che non si comprende. E allora si ingegna per complicare e complicarsi. L'Alighieri, invece, si fa capire. Scrive il bestseller dell'epoca e la diffusione è capillare: lo leggono il letterato e il mercante, il contadino e l'artigiano. O al massimo lo imparano a memoria. Vi farei vedere la faccia di qualche nonnetto fiorentino che ha fatto la terza elementare quando si trasfigura e cita mezzo Inferno a braccio...

Dante servirebbe alla sinistra anche perché aveva coraggio. Io continuo a pensare che nella stagione che stiamo vivendo non c'è futuro per i pavidi. Occorre avere la forza di alzare la voce e di schierarsi. Dante stava nella mischia a testa alta. Aveva l'ardire di sfidare i potenti. In un mondo di mezze calzette era uno tosto che non si tirava indietro quando c'era da parlare chiaro. Persino con il papa, soprattutto con il papa: quel Bonifacio VIII che segnerà, nei fatti, la sua rovina. Dante lo condanna nel XIX canto dell'Inferno, bollandolo con un peccato gravissimo, la simonia, cioè la compravendita di beni spirituali in cambio di denaro. Peccatucci, al confronto, l'avidità e il nepotismo sfrenati che avevano caratterizzato il suo papato: in virtù del suo potere aveva donato ai familiari territori a destra e a manca.

Tendiamo a credere che il problema del nepotismo sia stata una prerogativa dei secoli bui del passato. E in un certo senso è vero. Ai giorni nostri infatti il problema non è il nepotismo, o meglio non solo quello. C'è anche il cognatismo, il cuginismo, il fratellismo e via dicendo, su su per tutti i gradi del familismo. Quando si fa politica si dovrebbe pensare ai figli, come è giusto. Ma ai figli di tutti, non ai propri. Invece nell'Italia dei vitalizi ai consiglieri regionali non stupisce nemmeno più trovare in queste assemblee – dalla Lombardia al Molise – i figli dei leader di partiti basati sul carisma personale del fondatore. E, guarda che strano, un certo cognome spalanca le porte del consiglio regionale, con relativo vitalizio. Che è come il diamante: per sempre.

Esibire il padre come *passepartout* è imbarazzante per il padre, certo. È diseducativo per il figlio, ovvio. Ma è soprattutto umiliante per il cittadino. Non accade solo in politica, sia chiaro. Meriterebbero la laurea *honoris causa* in ingegneria gestionale i raffinati strateghi delle commissioni universitarie grazie alle quali c'è sempre un figlio, una fidanzata, un'amante (anche senza apostrofo) che sale in cattedra. Io faccio il presidente qui e piazzo il figlio a te che fai il presidente là e mi sistemi la signorina. Una mano lava l'altra, e tutte e due sporcano il viso di un'Italia che dovrebbe essere fondata sul merito, sul talento, sulla creatività. Dove si dovrebbe trovare lavoro perché si conosce qualcosa, non perché si conosce qualcuno. Dove si dovrebbe far carriera perché si è, non perché si ha.

Alcune recenti indagini giudiziarie hanno attirato di nuovo l'attenzione degli inquirenti sugli appalti pubblici. Mi sconvolge e mi urta – lo confesso – scoprire che ormai non si chiede più nemmeno la tangente, ma il regalino per il figlio. Perché «in tutti questi anni non gli ho dato niente. Che padre degenere che sono», come dice uno dei principali imputati della cosiddetta cricca, all'atto di giustificare lo «spontaneo regalo» di un Suv per il suo bambino.

Dante invece non guarda in faccia nessuno, anzi esilia persino l'amico Guido Cavalcanti pur di proteggere la città dai violenti disordini provocati dalla sua e dall'opposta fazione. Fa politica anche se quella sarà la causa di «tutti li mali e l'inconvenienti miei». E paga di persona, sulla propria pelle.

Ma se è evidente che Dante ci insegna a farci domande su di noi oggi – perché la *Commedia* non è un mero esercizio letterario, bensì il tentativo di farsi domande e soprattutto di dare risposte –, c'è ancora un punto da chiarire. Dov'è Dante a Firenze? Non in quella finta casa, l'ho detto. Ma non è neanche in quella statua in piazza Santa Croce. Non è nel cenotafio che gli è stato costruito dentro la basilica, tempio «de le italiche glorie». Potrebbe apparire un controsenso, e in effetti lo è, che Firenze sia il pantheon nazionale dei grandi d'Italia e ospiti in quella chiesa tanta parte della storia del nostro Paese, da Foscolo all'Alfieri, da Michelangelo a Galileo, e non accolga il suo figlio più illustre. Una delle tante contraddizioni fiorentine, città dei cimiteri che non è riuscita a offrire sepoltura a chi come Dante l'ha amata, a chi come Farinata degli Uberti l'ha salvata, a chi come Girolamo Savonarola l'ha cambiata. Com'è noto, infatti, Dante è sepolto a Ravenna mentre con Farinata e Savonarola i fiorentini sono andati giù ancora più pesanti: bruciato il corpo e disperso nell'Arno. Così, per sicurezza.

Dov'è Dante, allora? Non è nel Palazzo dei Priori, quel Palazzo Vecchio di cui aveva visto l'inizio della costruzione. Non è nel «bel San Giovanni», il battistero del suo battesimo. Non è nel Bargello, dove lo ritrasse Giotto, o in Orsanmichele, dove il 27 aprile 1899 si tenne una celebre lettura pubblica del suo poema, nella sala che fu poi a lui intitolata. Non è neanche in quell'incrocio strepitoso che tiene insieme il ponte Santa Trinita con l'inizio di via de' Tornabuoni. Uno dei luoghi più suggestivi di Firenze, secondo me. Lì la tradizione immagina e ritrae un fugace incontro con Beatrice Portinari; fino all'Ottocento esisteva un arco, detto dei Pizzicotti, dove i ragazzi si appostavano alla domenica in attesa delle ragazze che uscivano dalla messa celebrata nella vicina chiesa di Santa Trinita. Meglio non indicare con troppa precisione il punto esatto: non vorrei che ci mettessero i lucchetti dell'amore proprio ora che stiamo sistemando le pietre per restituirlo al suo splendore con una pedonalizzazione voluta dalla mia amministrazione e – non ci crederete – profondamente contestata da una parte dei fiorentini.

Non si trova in uno spazio fisico, il Dante Alighieri che tanto servirebbe ai giorni nostri. Ma è ovunque. E soprattutto si ritrova quando ogni anno, un sabato di maggio, centinaia e centinaia di cittadini scendono in strada, nelle piazze, agli angoli delle chiese e delle botteghe per proclamare i versi della *Divina Commedia*. Ognuno sceglie un canto e poi tutti insieme – sull'imbrunire – si recita l'ultimo del Paradiso in piazza del Duomo, davanti al battistero nel quale il Poeta era stato battezzato. È come se l'esule venisse riportato a casa. Non sono bastate intere generazioni di artigiani in Oltrarno che magari non sapevano scrivere ma che costruivano oggetti strepitosi ripetendo a memoria i canti della *Divina Commedia*. Firenze fa finta di nulla ma si sente ancora in colpa. E non ha torto. Perché questa storia di Dante lasciato morire in terra straniera dopo vent'anni di esilio è un boccone che rimane indigesto anche sette secoli dopo.

3
Michelangelo e il servizio pubblico

«Cherchez la femme!» mi verrebbe ogni tanto da sussurrare quando incrocio uno dei gruppi di turisti che ogni giorno visitano la mia città. Come in ogni mistero che si rispetti, anche per penetrare quello di Firenze bisogna cercare una donna. Non si tratta di chissà quale amante protagonista di torbide storie di passione. Tutti sanno chi ha scritto la storia di Firenze. Pochi conoscono colei che ne ha salvato il futuro.

Siamo nel 1737. La lunga stagione della famiglia Medici è giunta ai titoli di coda. Qualcuno dirà: purtroppo. Altri replicheranno: per fortuna. Di certo i Medici hanno contribuito in misura significativa a rendere grande Firenze. Nella stessa famiglia hanno convissuto intellettuali e buzzurri, statisti e truffaldini, papi e donnaioli, santi e gangster (con decisa prevalenza dei secondi). Qualche volta papa e donnaiolo hanno convissuto non solo nella stessa famiglia, ma anche nella stessa persona, come dimostra, ad esempio, il caso di Clemente VII, il papa che nel 1527 dovette subire il sacco di Roma da parte dei lanzichenecchi. La notizia che il suo figlio naturale fosse Alessandro era qualcosa di più di un *rumor*. E, tra parentesi, il bambino era di colore, nato dalla relazione con una serva mulatta di casa Medici. In attesa del papa nero, il figlio nero del papa è una bizzarria che solo a Firenze poteva realizzarsi.

Ma non è il caso di divagare. Quel che importa è che Gian Gastone chiude la lunga storia iniziata con Cosimo il Vecchio tre secoli prima. Difficile immaginare personaggi più diversi: l'ultimo Medici non ha la statura, la forza, l'autorevolezza del suo antenato. Ultimo di tre fratelli, trascurato dal padre che lo coinvolge nei suoi piani dinastici solo dopo aver scoperto che il primogenito Ferdinando non genererà eredi, è assolutamente disinteressato agli affari di palazzo. A ogni modo, dopo la morte del fratello, dello zio e del padre, viene praticamente costretto ad assumere la guida della città. Non che se ne lasci coinvolgere troppo, sia chiaro. Il suo stile di vita non cambia di una virgola: continua a pranzare alle 5 e a cenare alle 2 di notte e trascorre tutto il suo tempo collezionando oggetti di antiquariato, studiando la botanica, bevendo e spassandosela con i giovanotti.

Nel 1737 la grande storia dei Medici finisce nella mediocrità: siamo alle battute finali con Gian Gastone che se ne va senza lasciare particolari rimpianti. C'è ancora il tempo, tuttavia, per un finale a sorpresa, per la chiusura col botto. La sorella, Anna Maria Luisa de' Medici, che diventerà Elettrice Palatina grazie al suo matrimonio, trova la forza e il coraggio, la determinazione e la visione di riscattare un'intera generazione.

Nei quattordici anni di regno del fratello le potenze europee cercano di decidere amichevolmente chi si sarebbe aggiudicato la successione al trono in Toscana. Il Granducato non conta granché negli equilibri geopolitici del tempo. E dunque passa nelle mani dei Lorena senza che le grandi famiglie europee facciano a botte. Tutto sommato non è un male: i Lorena si mostreranno generalmente misurati e competenti. Ma è quella donna – l'Elettrice Palatina – a regalare ai fiorentini la possibilità di avere un domani. Per testamento infatti lascia la grandissima collezione artistica dei Medici allo Stato toscano, a condizione (come si legge nel «patto di famiglia») che i Lorena non potessero trasportare «o levare fuori della Capitale e dello Stato del GranDucato [...] Gallerie, Quadri, Statue, Biblioteche, Gioje ed altre cose preziose [...] della successione del Serenissimo GranDuca, affinché esse rimanessero per ornamento dello Stato, per utilità del Pubblico e per attirare la curiosità dei Forestieri».

Nei fatti, regala l'inestimabile valore artistico e culturale della sua famiglia alla città, mettendo un vincolo fortissimo. E i concetti che stanno alla base della scelta sono degni di una sottolineatura speciale. Ornare lo Stato e dunque mantenerne il decoro. Attirare la curiosità dei forestieri, che dimostra una visione molto lucida del potenziale turistico della città. E infine il fondamentale argomento dell'utilità del pubblico. Pochi concetti sono attuali e complessi come questo. Per esempio, come si traduce oggi il servizio pubblico? Penso alla delicata vicenda della Rai. Durante l'iniziativa del Big Bang, alla stazione Leopolda, abbiamo lanciato la nostra proposta. La Rai attualmente ha quindici canali dei quali solo otto hanno una valenza «pubblica»: questi vanno finanziati esclusivamente attraverso il canone. Gli altri, invece, inclusi Rai1 e Rai2 devono essere da subito pagati solo attraverso la pubblicità, con frequenza uguale alle reti private, e successivamente privatizzati. Che sia un servizio pubblico, davvero. Il giorno successivo al naufragio della nave da crociera al largo dell'isola del Giglio, il 14 gennaio 2012, il tg di una tv privata, La7, realizzava con il suo direttore Enrico Mentana una diretta no-stop sull'evento mentre Rai1 trasmetteva *Ballando con le stelle* con la partecipazione eccezionale – si fa per dire – di un ex calciatore pagato cifre inverosimili e invereconde per andare a ballare in tv. Sarebbe troppo facile la domanda: quale di queste due reti ha svolto un servizio pubblico?

Ma soprattutto la Rai va liberata dal peso dei partiti. È incredibile che ancora oggi la televisione di Stato dipenda dai singoli raggruppamenti, un autentico scandalo. La televisione di Stato dovrebbe essere di Stato, non di partito. Un servizio a disposizione del cittadino, uno dei più importanti: educazione, cultura, formazione. Avete presente quello che si legge quando il Consiglio d'amministrazione deve nominare i dirigenti? Per giorni i quotidiani riportano le dichiarazioni dei singoli partiti che si schierano, bloccano, minacciano. Finché riterremo normali le pressioni dei partiti, che segnalano giornalisti e direttori, saremo un Paese menomato, privato di uno dei suoi centri di potere fondamentali. E «centro di potere» la Rai deve esserlo per il contributo che la tv può dare alla rivoluzione della bellezza. Non perché piazza in prima serata un'attricetta bulgara gradita al ministro in carica.

La vicenda dell'Elettrice Palatina ci insegna che le donne fiorentine andrebbero studiate – e in molti casi apprezzate – di più, a partire naturalmente da Caterina I e Maria, che poi furono determinanti come sovrane di Francia. Intendiamoci, non sono le sole. È un lungo elenco che parte da Matilde di Canossa e arriva a Oriana Fallaci, sul cui giudizio pesa spesso l'ipoteca ideologica di chi non ha – legittimamente – condiviso alcune delle sue ultime battaglie, ma che nessuno può mettere in discussione come una delle più coraggiose figure del giornalismo mondiale del XX secolo. Una donna capace di definire «cencio inutile» il *chador*, togliendoselo davanti all'ayatollah Khomeini, che non era propriamente un moderato pacifista. *Cherchez la femme*, dunque, amici che vagate per Firenze sulle orme della bellezza. E mentre lo fate, riflettete sul ruolo della donna nella società italiana.

Gli stessi giornali che fino a qualche mese prima dedicavano spazi infiniti alle manifestazioni per la dignità femminile in seguito hanno riservato grandi foto e titoloni alla provocazione della showgirl Belen Rodriguez durante la 62ª edizione del Festival di Sanremo. È la prima regola della comunicazione: se si scrivono gli articoli di fondo, se si dedica mezza pagina alla foto, se si pubblicano i commenti più o meno ipocriti che scandalizzano ma intanto se ne parla – non prendiamoci in giro –, significa che si vuole navigare in quel mare. Forse non piace ma fa vendere. Perdonatemi ma non mi vedo il «New York Times» o «Le

Monde» a mostrare in prima pagina la farfallina – quella tatuata, intendo. Vorrà pur dire qualcosa, no? Viva la stampa, la sua funzione, il suo ruolo. I giornalisti fanno benissimo a demolire quel che va demolito ma si può sommessamente far notare che è maturo il tempo di una riflessione anche sul ruolo dei media?

In ogni caso il problema non è solo comunicativo. Secondo l'ultima ricerca del ministero delle Pari opportunità, nei consigli di amministrazione delle cinquanta imprese più grandi del Paese siede una sola donna su cento. Sul totale dei magistrati le donne sono ormai la metà, ma tra quelli di Cassazione con funzioni superiori sono solo il 7,4 per cento. Nei ministeri sono la metà dei dipendenti, ma un sesto dei dirigenti. E anche in università, tra i professori ordinari, solo una su sei. Si potrebbe andare avanti a lungo. Non si può procedere su questo tema a mesi alterni. Dipende dal governo che c'è, dipende da quante manifestazioni si fanno, dipende dal clima mediatico che viene costruito.

La mancanza di donne ai vertici della classe dirigente italiana è in realtà una delle autentiche emergenze del nostro Paese. Rimuovere le cause che allontanano le donne dalla partecipazione politica, sociale, civile e naturalmente dalla realizzazione professionale è un'assoluta priorità. Nel mio piccolo ci provo. E dopo l'ennesima polemica sul fatto che avere le quote in giunta è un errore, ho deciso di lanciare una provocazione, cancellando la giunta paritaria tra donne e uomini. Adesso le donne a Firenze sono in maggioranza (cinque donne e tre uomini) e ho assegnato a un uomo la delega alle Pari opportunità. Qui però non basta una provocazione, serve una rivoluzione. Arriverà?

Ma torniamo all'Elettrice Palatina e al suo patto di famiglia. Per capire l'importanza di questa scelta, si può partire da molti luoghi. C'è solo l'imbarazzo della scelta. Vorrei ad esempio condurvi all'Accademia, dove sono conservate, tra le altre cose, molte opere di Michelangelo. E naturalmente la più famosa di tutte, il *David*.

Appena entrati, appare in tutta la sua magia. Sconquassa e riduce al silenzio. Ma strappa un sorriso il pensiero che la politica cercò di far danno anche allora. Più precisamente proprio il sindaco del tempo – che allora si chiamava gonfaloniere e rispondeva al nome di Pier Soderini – si inalberò con il giovane artista. «Ser Michelangelo, quel naso non va bene, è troppo grosso.» A parte il fatto che ci sarebbe da chiedersi come possa venire in mente in un'opera del genere di pretendere un ritocco estetico, fra tutto, proprio del naso. Ma diamola buona e lasciamo correre.

Il punto è che la politica non dovrebbe mai mettere bocca, anzi naso, sulle questioni artistiche. E Michelangelo si incarica di spiegarlo alla sua maniera. Non si mette di traverso. Non replica: «Mai e poi mai, questa è l'opera e io non la tocco perché io sono l'artista e io ho deciso». Non si lamenta. Però fa il fiorentino. Sale su una scala, arriva all'altezza del naso e finge di modificarne le forme facendo cadere furbescamente un po' di polvere che aveva preso da terra. Ovviamente il naso non lo sfiora nemmeno, rimane quello di prima. Ma il gonfaloniere se la beve, facendo fare alla politica una figuraccia peggiore di quella dei parlamentari che non sanno rispondere alle domande degli inviati delle *Iene* fuori da Montecitorio. C'è da immaginarsi Soderini che abbraccia Michelangelo quando scende dall'impalcatura: «Vedi, mi hai dato ascolto. E adesso sì che è tutta un'altra cosa». Come no, tutta un'altra cosa!

La vicenda del gonfaloniere Soderini potrà farvi sorridere. Intristisce invece il modo con il quale oggi la politica si relaziona con la cultura, credetemi. Michelangelo sapeva trattare e tenere a bada le pretese fuori luogo. Ma noi viviamo ancora tra due opposti estremismi. Da un lato resiste il modello Soderini. Il politico «artista frustrato» che vorrebbe intervenire su tutto, sull'opera, sull'artista, sul catalogo, ovviamente sulla stampa, ovunque: è colui che pretende di andare oltre il rapporto di coordinamento o committenza e si improvvisa esperto, campione, tecnico. In realtà è spesso solo un tuttologo arrogante. Ma mi sta quasi più simpatico dell'alternativa, il modello menefreghista. Lascia fare qualsiasi porcheria, ritiene la cultura una delega da sfigato, pensa chc sia roba da *aficionados*. E dunque si affida mani e piedi al sovrintendente di turno.

La cultura dovrebbe essere il baluardo di una sfida identitaria. Ma anche una scommessa economica in grado di creare posti di lavoro, di far crescere la platea di utenti, di evitare l'arroccamento della casta delle sacerdotesse e dei sacerdoti delle sovrintendenze. Sovrintendente è una delle parole più brutte di tutto il vocabolario della burocrazia. È una di quelle parole che suonano grigie. Stritola entusiasmo e fantasia fin dalla terza sillaba. Sovrintendente de che? Sovrintendente, sottintendente, mezzintendente: si tratta di persone in genere molto perbene, molto preparate, molto qualificate per un particolare aspetto del problema. Ma che vengono costrette e violentate dalla politica a fare altre cose. Oggi sono i sovrintendenti ad avere l'ultima parola sui tempi delle pratiche urbanistiche e infrastrutturali, con poteri di vita e di morte giustificati solo dalla mancanza di una politica culturale della classe dirigente. A mio giudizio, i politici dovrebbero recuperare un ruolo, una terza via tra il menefreghismo e il soderinismo...

All'ombra del *David* molti sono stati gli scontri nel corso dei secoli; di uno posso riferire per esperienza diretta. La vicenda è questa. Nel 1871 Firenze lascia il ruolo di capitale d'Italia a Roma. Per la città è un duro colpo dal punto di vista economico e la crisi si fa sentire. Il parlamento si fa carico di restituire qualcosa alla città, sedotta e abbandonata, e approva una legge che prevede la cessione gratuita da parte dello Stato all'Amministrazione comunale di alcuni beni, tra cui Palazzo Vecchio con l'Arengario e tutto ciò che esso contiene. Sottolineo «con l'Arengario» perché in quell'anno il *David* di Michelangelo è ancora lì, in piazza della Signoria, esattamente dove adesso si trova la copia.

Come mai stava proprio lì? Il *David* è simbolo della libertà religiosa: la vicenda del ragazzino che uccide il gigante Golia è una delle pagine più emozionanti della Bibbia. Quando viene realizzata, l'opera di Michelangelo è pensata per impreziosire il Duomo. Ma la cittadinanza incarica una commissione per deciderne il posizionamento. Alt! L'italiano di oggi ha un naturale e comprensibile pregiudizio per le commissioni. Quando i politici affermano che bisogna formare una commissione tecnica per affrontare un problema significa che hanno già deciso di imboscare la pratica, ma non hanno il coraggio di dirlo. Al tempo le cose erano diverse. Le commissioni si facevano per decidere, non per rinviare. E tra i commissari c'era anche – pensate un po' – il grande Leonardo da Vinci, che fu decisivo nello spostamento della statua nell'Arengario di Palazzo Vecchio. Adesso quell'opera rappresenta la libertà civile, la libertà di Firenze, la libertà che secondo Machiavelli i fiorentini amano «per la memoria che ne avevano lasciata i padri loro» e per questa ragione difendono «con ogni ostinazione e pericolo».

Il bellissimo *David* dunque si trasforma da simbolo religioso a simbolo civile e come tale per quasi quattro secoli illumina con il suo candore piazza della Signoria. Ma all'aperto le condizioni climatiche rischiavano di danneggiarne la conservazione. Potrei anche dirvela con le parole di un bambino che mi fulminò, durante uno dei miei incontri con le scolaresche, mentre raccontavo questa storia e spiegavo come fosse importante portare l'originale della statua al coperto: «Sindaco, per forza prende freddo, gli è tutto gnudo».

Nel 1873 fu deciso dunque di trasferirlo all'Accademia, trainato da nove paia di buoi, in un corteo che trascende la cronaca per entrare nella storia. Mi piace immaginare il popolo fiorentino accalcarsi nelle strade per salutare quello strano personaggio di marmo che è ormai uno dei simboli della città.

Quando il *David* entra all'Accademia è accolto da un museo statale che prova a intestarsene anche la proprietà, dopo aver intascato i soldi dei biglietti.

E da lì nasce la polemica che nel 2010 ho sostenuto con l'allora ministro dei Beni culturali Sandro Bondi: la legge del 1871 ha ancora valore, il *David* appartiene alla città di Firenze e non, come lui sosteneva, allo Stato italiano. Sembravamo due bambini che cercano di strapparsi il pallone. «Non è tuo, è mio!» Solo che non si trattava di un misero pallone ma della statua forse più famosa nel mondo. Per noi era una questione di cassa, certo, ma anche di identità. Alla fine di una lunga serie di violente litigate davanti ai media di mezzo mondo, abbiamo raggiunto un accordo che consente alla città di Firenze, tra l'altro, di ricevere una percentuale fissa sugli incassi. Forse non sono stato molto educato e fine, ma anche così si governa una città.

E non è l'unico corpo a corpo che ho dovuto sostenere con il ministero dei Beni culturali. Una delle prime mosse della mia amministrazione è stata la creazione di una card unica per tutti i musei. Per due anni ho combattuto una battaglia in solitario: si poteva fare, ma – mi spiegavano i tecnici – il *David*, Palazzo Pitti e gli Uffizi, realtà gestite dallo Stato, dovevano restare fuori. Già, e allora la card per cosa la facciamo? È come dire: vi facciamo entrare al ristorante ma non potete mangiare. Dopo una lotta estenuante, alla fine l'abbiamo spuntata: oggi con cinquanta euro si entra in più di cinquanta musei cittadini, si ottiene un biglietto illimitato per il trasporto pubblico locale e la password per navigare gratis in tutti gli hot-spot della città. La curiosità del forestiero ci sta a cuore.

Naturalmente dai turisti ci aspettiamo rispetto per il nostro patrimonio. È un caso per fortuna raro, ma l'ultima volta che sono andato all'Accademia, mi sono imbattuto in un furbetto che nell'attesa dovuta alla coda non trovava niente di meglio da fare che scarabocchiare la parete esterna. Mi veniva voglia di gridargli: «Caro amico, se proprio senti il bisogno di scrivere perché non mandi un sms alla tu' sorella anziché scrivere sul muro?». Ho diritto a indignarmi. Rimuovere le scritte in Italia sembra un'impresa titanica. Giusto per fare un esempio: per pulire i muri degli Uffizi ho dovuto emettere un'ordinanza contro il ministero dei Beni culturali per costringerlo a intervenire. Perché la piovra burocratica stritola tutto, anche e soprattutto le migliori intenzioni. E lo sanno bene i tanti sindaci che vorrebbero fare qualcosa per le proprie comunità e che si ritrovano quasi sempre paralizzati non dalla mancanza di soldi ma più spesso dalla presenza di un'infinità di norme e leggi che gli legano le mani.

A ogni modo, i primi fondi che arrivano dal governo alla luce dell'accordo sul *David* si incamminano verso gli Uffizi. O meglio verso i Grandi Uffizi, che rappresentano la madre di tutte le battaglie burocratiche cittadine. Lo Stato ha da sempre problemi nello stanziare fondi per i Grandi Uffizi (non lo dite in giro, mi raccomando, altrimenti si fa brutta figura: uno Stato che ha gli Uffizi e non trova i soldi per completare i lavori fa cascare le braccia) e pur di eliminare le gru che da decenni gravano minacciose sull'edificio, rendendo cupo uno scorcio di cielo che sarebbe denso di fascino, il comune ha deciso di contribuire. Grazie a questa iniziativa, nel 2016 saranno pronte le nuove sale, che consentiranno di godere in modo diverso del museo. Io sono tra quelli che credono che si possa vedere la bellezza solo se è viva e dunque se i miei occhi sono disponibili ad accendere la spia della curiosità, a credere che esista. Quella bellezza che, come diceva Pier Paolo Pasolini, passa «sul deserto delle nostre strade, rompendo il finito limite e riempiendo i nostri occhi di infinito desiderio». Se è morta non è bellezza: al massimo può essere storia dell'arte. Ma non suscita emozione.

Un primo passo però è già stato fatto, ed è un passo che mi affascina moltissimo: alla fine del 2011 sono state infatti inaugurate, dopo il restauro, otto sale che ospitano artisti stranieri del Sei e Settecento. Cos'hanno di speciale? Per una felice intuizione del direttore della Galleria, sono state dipinte di blu. Potrebbe sembrare l'ennesima provocazione o l'ultimo tentativo di inseguire la modernità. La cosa interessante è che si tratta invece di un ritorno alla tradizione. Firenze è sempre stata una città a colori. Piazza della Signoria era in cotto, di un rosso molto brillante. Soltanto una mediocre interpretazione ci ha condotto a perdere quella ricchezza cromatica, che andrebbe riportata nel cuore delle nostre città. È la mediocrità che ingrigisce, la paura del colore è paura della vivacità.

Metto da parte la mia *vis* polemica. Perché quando entro agli Uffizi devo togliermi la fascia da sindaco, quella che mi fa guardare tutto quello che non va (che pure c'è e su cui bisogna lavorare di più). Torno a fare il cittadino. E mi immergo nelle profondità delle opere che vi sono racchiuse: la *Primavera* e la *Venere* del Botticelli, l'*Annunciazione* e l'*Adorazione dei Magi* di Leonardo, il *Tondo Doni* di Michelangelo, la *Medusa* e il *Bacco* di Caravaggio, le *Maestà* di Giotto e Cimabue. Ammetto di non essere un esperto, ma il quadro che ogni volta vado a cercare con la stessa gioia con cui si saluta un amico di vecchia data che non si vede da un po' è la *Madonna del Cardellino* di Raffaello, per mille motivi, non ultimo quel piedino dolcissimo del bambino che con una tenerezza speciale si aggrappa alla mamma.

Messi in fila così sembrano un elenco telefonico, le pagine gialle dell'artista perfetto, ciascuno circondato da un'aura reverenziale. Dovremmo però fare uno sforzo per togliere gli artisti dalla nicchia dorata dell'immagine che ci siamo costruiti di loro attraverso i capolavori che ce li hanno fatti amare. Compiere un esercizio mentale per pensarli vivi, intrisi di polvere, colori e sudori, nella loro quotidianità, sospesi tra genio e noia. Un flash mi abbaglia mentre guardo le didascalie con i nomi degli artisti. Questi pittori hanno soprannomi semplici, popolani, normali. So di spararla grossa, ma se leggo i soprannomi, penso che funziona allo stesso modo per i grandi protagonisti del calcio storico. Avete letto bene. Se io vi dicessi che è meraviglioso entrare agli Uffizi e ammirare le opere del grande Filipepi sbarrereste gli occhi senza capire. Chi è il grande Filipepi? Semplice: Botticelli. Che però aveva un fratello grasso e basso. E i fiorentini non facevano sconti: altro che Filipepi, quello viene marchiato come una botte, anzi Botticelli. L'elenco potrebbe includere Paolo Uccello, così chiamato per la sua passione ornitologica, fino a Tommaso chiamato con il diminutivo spregiativo di Masaccio, forse per il suo brutto carattere o per una certa trascuratezza nel vestire.

Ora esaminate i nomi del calcio storico: Cucciolo, Ruspa, Buio, Bambino. Dove voglio arrivare? All'ennesima dimostrazione dello strano legame tra opposti che Firenze ha sempre vissuto. No, via, non ce n'è: non siamo e mai saremo una città di radical-chic. Lo snobismo si ferma alle porte di questa città. Anche per questo mi arrabbio con me stesso quando non riesco a contrastare con sufficiente energia l'idea che quella degli Uffizi sia cultura per un'*élite* e non per il popolo.

Persino il Ponte Vecchio, oggi giustamente considerato simbolo dell'eleganza, altro non era che il luogo pensato per tenere gli odori sgradevoli lontano dalle case. Altro che chic. Era stato affidato ai beccai, i macellai di oggi. Funzionava bene perché si potevano eliminare gli scarti animali buttandoli nell'Arno, senza farsi troppi problemi. Completa questo quadro, che di certo non è il massimo della sostenibilità, la presenza di una fitta serie di abusi edilizi che i macellai avevano costruito sul retro delle proprie botteghe. Meraviglia delle meraviglie, quella che era una vociante discarica a cielo aperto è divenuto in seguito uno dei più suggestivi luoghi del mondo. Come dire, ogni cosa può cambiare modificando la prospettiva. E investendoci tutto il peso della volontà politica.

Il mercato delle carni fu trasferito poco dopo la realizzazione del Corridoio Vasariano e il suo posto fu occupato dalle botteghe degli orafi che vi si trovano tuttora. Ogni volta che mi soffermo su questo collegamento aereo, che partendo dal Palazzo Vecchio si intrufola negli Uffizi e, attraversato l'Arno, sbuca dopo un chilometro a Palazzo Pitti, resto a bocca aperta per lo stupore. Pensate che è stato costruito in sei mesi. Nel 1565. In questi momenti mi viene quello che, tecnicamente parlando, si chiama discreto giramento di scatole, giusto per uscire dall'atmosfera poetica.

Se oggi voglio realizzare un'opera pubblica, anche la più banale, grazie alle leggi italiane in sei mesi non concludo nemmeno lo studio di prefattibilità ambientale. Se mi va bene riesco a malapena a far sedere allo stesso tavolo i partecipanti alla conferenza di servizi. Cos'è la conferenza di servizi? È una sorta di terapia di gruppo che le istituzioni impongono a se stesse. Per progettare un'opera pubblica si riuniscono decine di enti: gli enti locali, ma anche le istituzioni più stravaganti, dalle autorità di bacino agli ambiti territoriali fino al genio civile, che va evidentemente tenuto ben distinto dal suo nemico, l'imbecille incivile. Ma che nonostante la sua presunta genialità nulla può contro le lentezze della burocrazia. Si fa un gran parlare, in questo periodo, di liberalizzazioni. E c'è qualcuno che finge di credere che, sistemando due taxi e tre farmacie, la questione sia risolta. Non c'è bisogno di scomodare gli esperti del settore per dimostrare come la strada delle liberalizzazioni sia stata percorsa soltanto a parole. Il tema è stato gettato in pasto all'opinione pubblica, ritenuta ansiosa di discutere sul numero dei notai o degli avvocati. Aspettando che il governo agisca davvero, mi scopro a riflettere che, accanto a significative liberalizzazioni, abbiamo bisogno – forse con urgenza ancora più pressante – di gigantesche liberazioni. La liberazione dalla burocrazia, innanzitutto. Dalla logica borbonica per cui per fare qualunque cosa occorrono risme di carta e quintali di timbri; e paradossalmente oggi che i timbri sono digitali ci vuole più tempo di prima: perché c'è sempre un ufficio da sentire, un parere da vagliare, un'interpretazione da attendere.

Torniamo al Corridoio costruito dal Vasari, che forse è meglio. Doveva servire a Cosimo I per uscire indisturbato da Palazzo Vecchio, sede del potere politico. Oltre l'Arno, si infilava nella chiesa di Santa Felicita, dove i Medici da un balconcino segreto dotato di finestre a grata potevano seguire, non visti, la messa. E arrivava infine a Palazzo Pitti, la reggia medicea per eccellenza. Paradosso dei paradossi, Luca Pitti l'aveva sognata come espressione della propria forza contro i Medici. Ma dopo le difficoltà finanziarie attraversate dalla famiglia, nel 1550 anche questo Palazzo finì nelle mani di Cosimo il Grande, che ne fece la sua nuova dimora.

Palazzo Pitti ospita vere e proprie meraviglie: la Galleria Palatina, la Galleria d'arte moderna, il Museo degli Argenti sono un'esperienza che vale ben più del prezzo del biglietto. E lì accanto ci sono i giardini di Boboli, che mi danno sempre una fitta di nostalgia per il periodo in cui si entrava gratis tutti – non solo i fiorentini – e spesso ci si entrava in singolare coincidenza con il non entrare a scuola. Marinare, fare forca, bigiare: tanti sono i modi per dire la stessa cosa in italiano. In fiorentino allora bastava dire: si va a Boboli. Un giardino di incredibile bellezza, dove grazie alla qualità di Bernardo Buontalenti persino le grotte sembrano volerti abbracciare. Il Palazzo è stato per alcuni anni anche il simbolo della moda: dalle prime sfilate organizzate nella Sala Bianca agli inizi degli anni Cinquanta ha avuto inizio il successo mondiale del *made in Italy*, e le manifestazioni che ancora oggi si tengono a Firenze hanno contribuito a renderla una destinazione riconosciuta, oltre che per l'arte e il patrimonio storico, anche per lo stile. D'altronde la moda a Firenze ha una storia antica: pensate che nel 1265, quando nasce Dante, conta novantamila abitanti di cui trentamila iscritti all'Arte della Lana e a Calimala. Ed è Caterina de' Medici, sovrana di Francia dal 1547 al 1559, a introdurre nella corte di Parigi l'eleganza fiorentina, oltre all'uso della biancheria intima, fino ad allora sconosciuta Oltralpe. Ormai ha preso piede l'espressione *lingerie*, ma più correttamente dovremmo chiamarla mutandà.

Ma il senso di tutto il percorso ti si fissa in mente mentre arrivi in piazza Pitti: una targa richiama l'attenzione, all'altezza del numero civico 22. È la testimonianza che in questa casa Fëdor Dostoevskij ha scritto *L'idiota*, uno dei suoi capolavori. Mi piace pensare che proprio guardando la reggia che avrebbe dovuto essere di Luca Pitti, in una piazza allora come oggi libera dal rombo dei motori (grazie alla recente pedonalizzazione, voluta nonostante le mille polemiche), Dostoevskij abbia scritto il passaggio in cui il giovane ateo Ippolit chiede conto al principe Myškin di una sua affermazione quasi scandalosa: «Signori, – gridò forte a tutti, – il principe afferma che il mondo sarà salvato dalla bellezza. [...] Quale bellezza salverà il mondo?». Il principe non risponde. Mi scappa un sorriso mentre immagino che forse Dostoevskij, in questi luoghi, aveva elaborato una sua teoria. E che Firenze in qualche modo poteva avergli ispirato quella frase sul valore salvifico del bello.

4
Savonarola e la Casta

Mi considerano un giovanotto e quando mi devono zittire mi dicono che sono un ragazzino. Quando in tv i comici mi prendono in giro sono quasi orgoglioso: io che sono cresciuto con le imitazioni dell'*Ottavo nano* di Guzzanti non posso che rallegrarmi. Mi colpisce però che persino uno come Crozza giochi soprattutto sul fattore anagrafico: non posso candidarmi alle primarie perché nel pomeriggio ho judo, il mio vicesindaco è l'orsacchiotto Teddy, l'auto blu me la fornisce la Chicco. Mi fa ridere, molto. Ma dal basso dei miei trentasette anni, so di appartenere a una generazione che non è più giovane. I veri giovani, i *millennials* per utilizzare un'espressione in voga su Mtv, sono i nativi digitali. Noi a scuola avevamo il ciclostile, loro hanno internet. Noi usavamo il gettone, loro vivono di sms meglio se su WhatsApp. Noi tornavamo a casa con le ginocchia sbucciate a forza di pallonate sull'asfalto, loro usano i social network e le chat. E la rivoluzione Facebook è stata creata da un ragazzo del 1984.

Noi non siamo giovani. Sono i politici di oggi – sempre gli stessi da venticinque anni – che ci raffigurano come bambini ambiziosi e viziati. Non siamo più giovani. E se sappiamo usare i social network non stiamo facendo niente di eccezionale. Lo fa la stragrande maggioranza degli italiani. Finché dodici milioni di persone tutti i giorni accedono a Facebook, chi fa politica non può rinunciare a quello spazio di confronto, discussione, polemica. A meno di non voler rifiutare la realtà e vivere di ideologia. Siamo niente senza la ragnatela di relazioni che fa di noi una comunità e non un semplice gruppo di persone.

Naturalmente credo ci sia una differenza tra una condivisione soltanto virtuale e una che tocca la sfera fisica e umana; personalmente appartengo alla categoria di quelli che ritengono la bellezza di un abbraccio più importante di qualsiasi *poke* inviato su Facebook. Mi sforzo di dirlo spesso ai ragazzi che incontro nelle scuole: voi siete persone, non profili. Mi interessano i vostri post e le vostre email ma mi interessa ancora di più guardare nei vostri occhi la forza delle idee, delle emozioni, dei sogni. Altrimenti commettiamo l'errore opposto, che è quello di mettere sullo stesso piano il web e le piazze, la realtà virtuale e la vita vera.

Noi siamo cresciuti in piazza. Lo hanno fatto generazioni di fiorentini e di italiani. La piazza è lo spazio dell'incontro, la casa della comunità.

La piazza è per definizione il luogo in cui ci si riunisce quando si chiede la libertà al tiranno, da plaza de Mayo fino a piazza Tien'anmen o a piazza Tahrir. Ma è anche il luogo dove si prova a vivere la quotidianità della libertà, che in alcuni casi è ancora più complessa. La piazza è un luogo dove i turisti possono darsi appuntamento, per trovarsi. Ma soprattutto dove i cittadini possono camminare e pensare per ri-trovarsi. Dovessi suggerire una piazza per trovarsi e ritrovarsi a Firenze non potrei che partire da piazza della Signoria. Qui il simbolo della libertà è il leone, che poggia le sue zampe sullo scudo di Firenze, il *Marzocco* di Donatello, il cui nome deriva forse da Marte, dio della guerra. La piazza della Signoria è sempre stata un tripudio di leoni, peggio che al circo. E, come al circo, per un lungo periodo la città ha ospitato anche un esemplare vivo, come talismano, nella gabbia di piazza San Giovanni. Alla fine del Duecento fu aggiunto anche un leone femmina e si verificò addirittura un evento straordinario: la coppia diede alla luce due cuccioli, segno che fu considerato di ottimo auspicio per il destino di Firenze.

Ora i leoni sono solo di marmo, e custodiscono anche l'accesso a quello che è forse l'*open museum* più bello del mondo: la Loggia dei Lanzi, chiamata così dopo che vi si accamparono i lanzichenecchi nel 1527, nella loro discesa verso Roma. Nata alla fine del Trecento per ospitare al coperto le assemblee pubbliche popolari e le cerimonie ufficiali della Repubblica fiorentina, come quelle di insediamento delle signorie, oggi racchiude una sfilza di capolavori, dall'epoca romana al Seicento.

Il mio preferito è la statua del *Perseo*, opera di quella geniale mente di Benvenuto Cellini. Guardatela da fuori, ma poi entrate nella Loggia e osservatela da dietro: sulla sua nuca potete vedere scolpita la faccia dello scultore, in una sorta di ironico autoritratto tipico del personaggio. Mi scappa un sorriso pensando che a introdurmi ai segreti di Cellini non è stata una guida, un insegnante, un appassionato. Macché! Il più grande fan di Cellini che io abbia mai conosciuto era Lucio Dalla, un uomo colto, preparato, curioso. Tutte le volte che veniva a Firenze era un ciclone di aneddoti e Cellini l'aveva studiato per realizzare uno spettacolo a Ponte Vecchio: a colpirlo era soprattutto la sua sregolatezza. «Sembra uno dei Sex Pistols» diceva, con la sua vita sempre catapultata in avanti.

Quello stesso capolavoro, il *Perseo*, rischiò di saltare per un banale inconveniente: durante la fusione del bronzo, lo scultore rischiò di rovinare completamente il risultato. A sentir lui, per l'immensa fatica della realizzazione, si era sentito male e aveva dovuto mettersi a letto, trascurando così il fuoco, che si era indebolito e non aveva permesso al bronzo di raggiungere la giusta temperatura. Ma Cellini era uno sparaballe mica da ridere. Secondo i maligni, tirchio com'era, aveva voluto risparmiare sullo stagno e aveva quindi messo troppo rame, che costava meno. In ogni caso, avvisato dell'accaduto dal suo garzone di bottega, si rimise in piedi, riattizzò il fuoco e non esitò a farsi portare piatti, scodelle e stoviglie da casa sua, per aggiungere lo stagno necessario. Oltre che sospetto tirchio, Cellini era anche usuraio, attaccabrighe e casinista. Pare che tenesse un banco di scommesse su tutto, persino sul sesso dei nascituri: fosse vissuto nel nostro tempo, sarebbe stato sicuramente amico di qualche calciatore professionista, c'è da scommetterci (per l'appunto). E durante il sacco di Roma non si era tirato indietro quando s'era trattato di ammazzare qualcuno con la benedizione del papa. Talvolta anche senza benedizione: era uno che conosceva le galere. Ma soprattutto noti erano la sua straordinaria capacità artistica, da autentico fuoriclasse, e il suo sarcasmo: quando l'Ammannati realizzò il *Nettuno* – detto Biancone per il colore del marmo e per la naturale tendenza dei fiorentini all'utilizzo di discutibili *nickname* – Cellini, che avrebbe voluto ricevere la committenza, mostrò al collega tutta la sua stima, con fare sobrio ed elegante, dedicandogli un ritornello: «Ammannato, Ammannato, che bel marmo hai rovinato!».

Per tornare a piazza della Signoria, è proprio qui che si affaccia Palazzo Vecchio, il tempio della politica.

I fiorentini costruiscono questo luogo come sede per i priori, carica elettiva che anche Dante rivestì e che scadeva ogni due mesi. Proprio così. E pensare che sono stato criticato dalla classe dirigente, e non solo del mio partito, per aver proposto che i mille parlamentari italiani – non la decina scarsa di priori – avessero un limite massimo di tre mandati, cioè quindici anni. A quei tempi insomma la rottamazione era molto più apprezzata di oggi. Eppure io continuo a ripeterlo: la nuova generazione di politici deve essere come lo yogurt, con la data di scadenza.

La costruzione del Palazzo è affidata, verso la fine del Duecento, ad Arnolfo di Cambio. Ci vuole un luogo nobile e bello per il governo cittadino. Ma, nel frattempo, il complicato sistema di poteri e contropoteri realizzato produce il risultato finale meno efficace: le istituzioni si preoccupano più di controllarsi reciprocamente che non di lavorare bene. Altro che collaborazione e cooperazione: ci si fa allegramente concorrenza. Vi ricorda qualcosa? Ebbene sì, da questo punto di vista l'Italia del XXI secolo – con tutte le ovvie differenze – è una Firenze al quadrato, Repubblica democratica fondata sul cavillo.

Potremmo dire che c'è un qualcosa di genetico nell'italica usanza di complicare le cose. Sovrapposizioni, scarsa chiarezza, inefficienza. L'esito però è molto semplice: per realizzare qualcosa bisogna fare un mezzo miracolo burocratico. Non occorre la forza di volontà, ma quella fisica per superare le sabbie mobili. In Italia per un'opera pubblica lavorano più gli avvocati dei manovali, e non vai da nessuna parte se non ti fai amico un capo di gabinetto. Perché anche se hai le carte in regola, c'è sempre una complicazione nascosta che si supera più in fretta se si conosce qualcuno al posto giusto. Una sorta di corsia preferenziale.

In passato andavano di moda le «lenzuolate», lunghi elenchi di cose da fare per restituire competitività all'economia del Paese. Li hanno scritti bene, ma poi si devono essere stancati a leggerli e si sono ben guardati dal metterli in pratica: in molti casi sono ancora solo parole, parole, parole. Oggi non occorrono lenzuolate, basterebbe un post-it per indicare quelle riforme semplici, quelle su cui il novanta per cento degli italiani è d'accordo. Quelle da fare subito.

In primis, il dimezzamento del numero dei parlamentari e della loro indennità.

Il Parlamento è oggi tra le istituzioni più screditate, anche per la sua inefficienza. Quasi mille componenti e due Camere che fanno lo stesso mestiere, entrambe titolate a dare e togliere la fiducia al governo, con due serie di commissioni che operano sulle stesse materie, due filiere dirigenziali, doppie letture su tutte le leggi, non hanno nessun senso. Nella primavera 2012 i gruppi parlamentari stanno lavorando ad alcune ipotesi di riforma, condivise. Bene. In un Paese civile le regole del gioco si stabiliscono insieme. Da quanto si legge, però, prevale ancora la timidezza: manca il coraggio di prendere il toro per le corna e revisionare radicalmente il sistema politico. Una delle due Camere va semplicemente abolita: al massimo si può trasformare il Senato in una sorta di assise che raccolga i rappresentanti delle autonomie locali (comuni e regioni) senza alcun costo aggiuntivo e senza riconoscimento di alcuna indennità, prevedendo una seconda lettura solo per i provvedimenti che interessano le comunità territoriali. Per il resto ne basta una sola veramente autorevole composta da non più di cinquecento persone, che vanno pagate di meno.

Negli altri Paesi europei la media delle retribuzioni è di 5339 euro al mese. L'indennità di un deputato italiano ammonta invece a 11.704 euro. Per non parlare dei benefit. Forse non incidono molto sul bilancio dello Stato, ma vanno in profondità nella pelle dei cittadini alcuni privilegi eliminabili con un semplice atto interno. Dal ristorante che serve l'aragosta *low cost* fino all'indecorosa pratica di pagare i portaborse in nero. Se non fosse una cosa seria sarebbe da raccontare come una barzelletta: la sai quella di quei signori che in tv proponevano di ridurre l'evasione fiscale ma nel frattempo pagavano i propri collaboratori in nero con i soldi dello Stato?

Ci sono prove evidenti che dopo qualche anno in Parlamento devi tornare nella vita di tutti i giorni e disintossicarti. Non scherzo. Lì, alla fine, perdi il contatto con la realtà. E diventi capace di frasi strepitose. Quando un ex ministro dichiara: «Se scopro che qualcuno mi ha pagato la casa a mia insaputa procedo per vie legali», non è che si sta arrampicando sugli specchi, poverino. È oltre. Non si rende conto di come funziona la vita per gli italiani: che ci sono le banche, che per comprare la casa si accendono dei mutui, che prendere gli assegni da altre persone per comprarsi la propria casa non sta bene. Non si fa. Ma lui non è più abituato.

La vicenda della casa è piuttosto nota, altre sono meno conosciute. Una chicca, chiamiamola così, via, arriva dalla Presidenza della Camera. Alcuni giornalisti molto attenti pongono il problema dei parrucchieri in Parlamento. Ora, vi chiederete: ma che se ne fanno? La Costituzione prescrive l'obbligo della messa in piega? No. È una consuetudine che una persona comune giudica allucinante. Ed è pure gratis. La questione politica è: ma quanto guadagna un barbiere in Parlamento?

La Presidenza della Camera è intervenuta con un comunicato ufficiale. Serve chiarezza, avranno pensato Gianfranco Fini e i suoi. E il comunicato stampa dice: «Sono solo sette e all'inizio guadagnano solo 2400 euro netti al mese». Eh?!? Ma da quelle parti lo sanno cosa vuol dire «solo»?

Lo sanno che un insegnante in Italia, dopo aver studiato una vita, nemmeno il giorno della pensione arriverà a guadagnare 2400 euro netti al mese, magari per quattordici mensilità? Lo sanno che un impiegato, un'infermiera, un artigiano, un operaio quelle cifre non le raggiungono neanche con il Gratta e Vinci? Lo sanno quante tasse devono pagare il popolo delle partite iva, i piccolissimi imprenditori per arrivare a mettere da parte 2400 euro netti?

È come se entrando in Parlamento i politici si sgancino totalmente dalla realtà. Ci vuole una cura radicale per risolvere il problema. Via le province trasformate in enti di secondo livello, via i consorzi di bonifica, via le finte *authorities* che spesso servono a far crescere il sottobosco delle poltrone più che a regolare i mercati. Via le regioni a statuto speciale e si introduca un numero massimo di consiglieri per ogni realtà regionale: oggi i Consigli delle diverse regioni hanno costi molto variabili, senza alcuna giustificazione. Si va dai trentacinque milioni di euro dell'Emilia-Romagna agli oltre centocinquanta milioni di euro della Sicilia. Credo che i consiglieri regionali debbano avere un compenso (oltre che un budget per le attività di servizio) uguale dappertutto, mai superiore a quello del sindaco che ha competenze, responsabilità e rischi maggiori. Un esempio concreto: vi sembra normale che un consigliere regionale lombardo – si chiami Nicole Minetti, Filippo Penati o Renzo Bossi, in arte il Trota – guadagni il doppio del sindaco di Milano Giuliano Pisapia?

Ma soprattutto vorrei si abolissero gli enti inutili che affossano il bilancio dello Stato. Un esempio tra mille: avete mai sentito parlare del Cnel, il Consiglio nazionale dell'economia e del lavoro? No? Be', sappiate che ci costa venti milioni di euro l'anno. Il suo compito è offrire pareri agli organi costituzionali, puntualmente ignorati. In mezzo secolo, le sue proposte di legge sono state appena undici. Di queste, nessuna ha mai avuto seguito o è stata seriamente considerata. In pratica è una riserva per burocrati, ex leader sindacali e imprenditoriali. Cioè: quando va bene è inutile. In teoria potrebbe anche essere dannoso, ma per il momento è solo inutile.

Sono cose che si possono fare, che si debbono fare. Come si può pretendere che i tassisti accettino le liberalizzazioni se non riusciamo a partire da noi, se le province resistono o scompaiono a giorni alterni? Peraltro, a proposito di tassisti: parlare di liberalizzazioni surriscalda gli animi perché ormai è una moda. Bene. Ma vedendo le statistiche sui redditi dichiarati dai tassisti mi domando perché, intanto, non si comincia con l'obbligarli a emettere ricevuta fiscale e ad accettare pagamenti con carta di credito. Sarei proprio curioso di capire cosa succede. Ma vogliamo liberalizzare? Iniziamo dalla politica, grazie. Nella mia città ho già cominciato, dimezzando il numero degli assessori, riducendo le aziende partecipate e fondendole con quelle di altri comuni, eliminando le auto blu e girando io per primo con l'auto elettrica o in bici.

Il pubblico non può continuare ad assumere e a pagare oltre tre milioni di persone. Non sono soldi del Monopoli: sono soldi veri. E sono i soldi delle tasse – sempre più esose – degli italiani. Da quando sono sindaco ho diminuito del 7 per cento il personale che lavora in comune e lo stesso provvedimento è stato adottato nelle aziende partecipate dalla mia amministrazione. Nel corso dei decenni passati si è affermato un atteggiamento raccapricciante. Utilizzare le aziende pubbliche come valvola di sfogo. Ti assumo lì, così ti sistemo. Talvolta, purtroppo, questa pratica si collegava a un vero e proprio voto di scambio. Che l'azienda di trasporto abbia un numero impressionante di impiegati o che gli amministratori della Fondazione lirico-sinfonica siano quasi più numerosi degli orchestrali è uno scandalo. Non è solo un problema per i bilanci delle realtà in questione: è un problema etico per chi ha caricato sui contribuenti futuri la propria campagna elettorale. È insopportabile questo modo di procedere che gonfia il debito pubblico: tenere in ordine i conti è una delle più grandi sfide per la moralità, prima ancora che per la politica!

Toccherà alla mia generazione tagliare il cordone ombelicale con questo modo di ricercare consenso, facile e dannoso. Bisogna avere il coraggio di dire, già in campagna elettorale e non solo dopo, che è finito il tempo in cui l'impiego nel settore pubblico era il grande ammortizzatore sociale del Paese. Non è più così, non potrà più essere così. Certe dichiarazioni non producono voti, ma sono principi irrinunciabili dello stile nuovo che ci serve. Per tradurlo in pratica è necessaria una rivoluzione culturale, specie in alcune regioni. Ma va fatto subito. Ce lo impone la crisi economica, ma ce lo impone soprattutto la coscienza del Paese. Il concetto è chiaro: puoi chiedere agli italiani tutti i sacrifici che vuoi, ma se poi ti tieni tre pensioni, indennità da capogiro e moltiplichi gli enti per moltiplicare le poltrone, come puoi pensare di convincere il Paese a lottare contro la rendita? È come con i figli. Puoi chiedere loro di comportarsi bene, ma se poi ti vedono fare ciò che gli neghi il danno è doppio: perdi anche di credibilità.

Giuro a me stesso che, se domani dovessi avere un ruolo nella politica nazionale, questo elenco di riforme da attuare subito me lo tatuo in fronte. In senso figurato, s'intende. Non sono un bello spettacolo di mio, m'immagino con un tatuaggio in fronte. Ma chiunque vinca le prossime elezioni deve tenere a mente un piccolo particolare: quello che si dice prima del voto, dopo va fatto davvero.

Chiudo questa lunga parentesi di pensieri terribilmente banali eppure concreti per tornare a Palazzo Vecchio, e in particolare a quello che rappresenta il suo cuore pulsante, il Salone dei Cinquecento. Fu voluto da Girolamo Savonarola come sede del Consiglio dei Cinquecento o Maggior Consiglio, nell'ambito del suo progetto di riforma delle istituzioni in senso popolare, per evitare eccessivi accentramenti di potere nelle mani di singoli individui.

Immaginatevi il Salone all'inizio del Cinquecento. La Repubblica fiorentina vive il suo momento di gloria, ma in realtà è già iniziato l'inesorabile declino. Firenze ancora non lo sa e forse non può saperlo. L'eco dell'incredibile stagione appena vissuta è ancora forte. E quel Salone sta lì a rappresentarlo. È un'idea di Savonarola, abbiamo detto. Fate bene attenzione alle date: Savonarola a Firenze ha vita breve. Arriva, per la seconda volta, nel 1490, chiamato da Lorenzo il Magnifico (con il quale poi litigherà di brutto) e muore impiccato nel 1498. Solo otto anni, dunque. Ma sono più che sufficienti per farsi sentire. Incide in profondità nella discussione politica, culturale, artistica, economica. Non è qui il caso di dilungarsi, ma se vedete le opere di Botticelli cambiare stile, potete arrabbiarvi o complimentarvi con il frate domenicano. Con le sue prediche infuocate riesce a fargli venire i sensi di colpa al punto tale che smette di dipingere soggetti profani e licenziosi e arriva addirittura a gettare nel fuoco le sue opere più scabrose. E se Carlo VIII non distrugge la città, limitandosi ad attraversarla, si deve anche a un incontro *vis à vis* molto duro tra i due, tenutosi in quello che allora era ancora il Palazzo Medici. E potrei continuare a lungo. Mi limito a riportare che il frate ritiene fondamentale creare uno spazio per il popolo dentro il Palazzo dei Priori. Una grande sala. Perché quel Palazzo è l'espressione del volere della comunità civile e politica. Savonarola viene accontentato e il Salone viene costruito.

Quali sono gli spazi pubblici del nostro tempo che appartengono davvero alla comunità, gli spazi dove il cittadino può sentirsi a casa? È un tema su cui sarebbe intrigante discutere nel XXI secolo. Per me, ovviamente, sono i luoghi della cultura e dell'associazionismo, del volontariato e della partecipazione civica. Ma oggi che alcune case del popolo – volenti o nolenti – ospitano le sale del Bingo e i videopoker, dovremmo riflettere su quali siano gli spazi della partecipazione e della democrazia. Io ho scelto di riaprire le porte di Palazzo Vecchio ai cittadini, che ora possono visitare il cortile di Michelozzo senza pagare il biglietto, e di prolungare l'orario fino a mezzanotte per chi non vuole passare la serata davanti alla tv o per quei turisti che magari durante il giorno non hanno trovato il tempo di visitare il quartier generale dei Medici. E ho anche scelto, da sindaco, di firmare con Wikitalia il protocollo sull'Open Gov, che prevede la pubblicazione di tutti i dati del comune di Firenze su internet per garantire la massima trasparenza e partecipazione ai cittadini: una rivoluzione che i new media consentono. Ma non posso aprire l'ennesimo ping-pong tra passato e presente, altrimenti io perdo il filo e voi la pazienza.

Torniamo a Savonarola. E immaginiamolo felice per aver raggiunto l'obiettivo: il Salone del Maggior Consiglio c'è. Non può sapere, in quel momento, che quel Palazzo al quale tiene tanto diventerà anche la sua ultima dimora, la prigione degli ultimi giorni, il panorama delle ultime ore. Quello stesso popolo che lo aveva osannato lo impiccherà. Lo brucerà. E ne butterà le ceneri nell'Arno.

Provo a figurarmi l'ultimo giorno di Girolamo Savonarola, il 22 maggio 1498. L'uomo che stava rivoluzionando Firenze e che se avesse avuto successo – sostengono alcuni storici – avrebbe potuto consentire la riforma della Chiesa, evitare la spaccatura di Martin Lutero, le terribili divisioni nate nel XVI secolo. È rinchiuso nell'«alberghetto», la piccola cella in cima alla torre del Palazzo dei Priori, la torre di Arnolfo. Nel giro di un anno il mondo gli si è rivoltato contro. Adesso è solo, in quel Palazzo che ama e che ha voluto per quel popolo che poi lo ha imprigionato e condannato a morte. Prega appassionato come sempre in attesa della morte. Convivono in lui il terrore e la speranza evangelica. Chissà se avrà messo in dubbio la sua fede. O se si sarà pentito di qualcosa. Chissà con quale tenerezza avrà pensato al convento di San Marco, dal cui pulpito non solo aveva infiammato i cuori dei fiorentini, ma aveva anche acceso grandi discussioni culturali, di confronti, di approfondimento. E chissà se da lassù avrà provato un brivido lungo la schiena ripensando alla Firenze tanto amata che diventava carnefice e aguzzina.

Non poteva sapere, Savonarola, che quando ci si mettono i fiorentini sono capaci di tutto. Gli stessi uomini, che ispirati dalle sue prediche avevano sequestrato e bruciato pubblicamente migliaia di oggetti potenzialmente peccaminosi (specchi, cosmetici, vestiti lussuosi, libri immorali, dipinti profani) in quello che passò alla storia come «falò delle vanità», diventano ora gli aguzzini degli ultimi minuti. L'hanno sottoposto a torture: della corda, del fuoco sotto i piedi, del cavalletto. E lo coprono di urla e insulti, all'alba del 23 maggio, mentre sta per essere impiccato e bruciato in piazza della Signoria. Non paghi dell'accanimento contro di lui, sfogano la propria ira persino contro la campana di San Marco, la Piagnona. Richiamava il popolo alle omelie di Savonarola e adesso subisce l'incredibile sorte di essere frustata in pubblico, colpevole di aver suonato ad allarme quando i fiorentini si sono riversati al convento per prelevare il frate. Nessuno dubita della genialità diffusa a Firenze in quel periodo. Ma non è che mancassero i grulli: cosa può pensare un cittadino normale quando vede frustare una campana, dico una campana?

Ciononostante, il Salone del Maggior Consiglio ovviamente sopravvivrà al suo ideatore, arrivando nel corso dei secoli a ospitare il Parlamento italiano, nel periodo in cui Firenze fu capitale, e i grandi convegni dei sindaci di tutto il mondo voluti da Giorgio La Pira nel secondo Dopoguerra. Oggi le pareti del Salone sono completamente occupate dagli affreschi del Vasari. Non era questo però il progetto originario. Già. A inizio Cinquecento i fiorentini vogliono nella Sala grande i due più bravi, Leonardo e Michelangelo. Vogliono il meglio. E li mettono l'uno davanti all'altro, l'uno contro l'altro, armati di pennello per rappresentare due battaglie. La battaglia di Anghiari per Leonardo, la battaglia di Cascina per Michelangelo. Due battaglie vinte, sia chiaro, la prima contro Milano e la seconda contro Pisa. Il salone dove si riuniva il popolo doveva mostrare una vittoria, un successo, un trionfo. Non esistevano le veline del tg, purtroppo o per fortuna. E allora le opere d'arte dovevano svolgere anche questo compito.

Si tratta della sfida tra due pesi massimi della pittura del tempo. È come un derby, perché Firenze non ha mai avuto paura dei confronti, degli scontri. Più che la finale di Champions League o del Super Bowl. Una sorta di sfida a eliminazione diretta tra la Microsoft di Bill Gates e l'Apple di Steve Jobs. Lo scontro finale tra Facebook e Twitter.

A Firenze mettere insieme – o contro, a seconda dei punti di vista – i due più grandi geni dell'epoca rientrava nella tradizione. Cellini definisce quella sfida come «la scuola del mondo».

Leonardo dipinge la *Battaglia di Anghiari* a olio. Non possiamo indugiare qui nei particolari, rimandando a testi più seri. Possiamo solo sintetizzare al massimo ricordando che Leonardo, dopo una serie di inconvenienti tecnici, il 6 giugno 1505 scrive sul diario che ha iniziato di nuovo i lavori. Non sappiamo quando li termina. Ma la sua fama è tale che in diverse parti del mondo ne vengono prodotte alcune copie. E chi l'ha vista la riteneva il suo capolavoro artistico. Più affascinante della *Gioconda* o dell'*Ultima cena*, secondo qualche osservatore. Anche perché diciamo la verità: la *Gioconda* è più enigmatica che bella.

Michelangelo invece si ferma. Realizza il cartone preparatorio – la cui presenza si segnala in Palazzo Medici Riccardi fino all'Ottocento, per poi sparire misteriosamente – ma non inizia nemmeno i lavori, chiamato a Roma da altri impegni. Il sogno della sfida globale finisce lì. La leggenda della *Battaglia di Anghiari*, invece, è appena cominciata.

Girate la lancetta del tempo in avanti di cinquant'anni. Intorno alla metà del XVI secolo il granduca Cosimo I – con i Medici saldamente al potere, cacciate per sempre le velleità repubblicane – decide di mettere mano al complesso di Palazzo Vecchio. E incarica il Vasari, che è il suo uomo di fiducia, eclettico e capace, architetto, scrittore, pittore e (non guasta mai) sufficientemente ruffiano per non irritare il committente. In un'epoca in cui dominano gli specialisti fa sempre un gran comodo un personaggio come lui. Bravo a far tutto. O quasi. Dico quasi perché – rimanga tra noi – non è che l'opera pittorica del Vasari nel Salone sia un capolavoro assoluto. Tutto è tranne che la scuola del mondo, insomma. Sostituire quel Leonardo da Vinci, che con i cavalli di Anghiari incanta mezza Europa, con la *Battaglia di Scannagallo* (già il nome è tutto un programma) è come togliere Lionel Messi per inserire un qualsiasi terzino dell'Albinoleffe. Solo che certe cose si devono tacere, altrimenti gli specialisti si arrabbiano. E quindi, siate cortesi, fate finta di non averlo letto.

A Vasari Cosimo I chiede di sistemare il Salone dei Cinquecento. L'artista aretino si mette di buzzo buono, come si dice da quelle parti. Il soffitto viene alzato di ben sette metri e riempito di rimandi ai Medici e di simboli intriganti come la tartaruga con la vela, riferimento al *festina lente*, affrettati piano, che sarà sempre il motto di Cosimo.

Il granduca è uno tosto, uno su cui non avresti scommesso un centesimo ma che rivoluziona Firenze. Forse le fa vivere l'ultimo momento di prestigio mondiale. Ed è un sano teorico del ricambio generazionale. In un mondo dove tutti stanno aggrappati alla seggiola fino all'ultimo giorno, lui decide di fare un passo indietro. In favore del figlio, certo. Accontentiamoci: non è che si può chiedere a un signore del XVI secolo di indire le primarie e le elezioni democratiche a suffragio universale. (Convincere i soliti noti a fare le primarie, persino nel XXI secolo, sarà un'impresa anche per noi.) Intanto Cosimo si fa da parte e investe sul figlio, Francesco I. Un tipo a modo suo, si direbbe oggi. Introverso, amante dei giochi alchemici, mandante spietato di efferati omicidi, innamorato di Bianca Cappello (che sposerà in seconde nozze nel 1579), una veneziana discutibile e infatti parecchio discussa dai fiorentini, sempre pronti al commento al vetriolo. Diciamola così: i fiorentini non la ritenevano moralmente ineccepibile, ecco. E si intrattenevano in lunghe disquisizioni sui dettagli della sua attività sessuale senza particolare garbo…

Certo, vedendo i risultati di governo di Francesco I, forse sarebbe stato meglio fare le primarie. E probabilmente le avrebbe vinte il fratello Ferdinando, cardinale a Roma, richiamato in patria dopo la sospetta morte del sovrano e della signora, i quali dopo una sontuosa cena, cui casualmente partecipava anche lui, cadono entrambi ammalati e muoiono più o meno nello stesso momento, in seguito a un'agonia durata undici giorni. A distanza di qualche secolo alcuni ricercatori sostengono di aver ritrovato nei loro cadaveri tracce di arsenico, utilizzando le tecniche dei Reparti di investigazione scientifica. Insomma, l'alibi di Ferdinando, che in seguito alla scomparsa del suo caro fratellino assumerà il potere, avrebbe avuto bisogno di qualche controllo in più.

La rottamazione è cosa buona e giusta, ma solo se i rottamatori evitano di far rimpiangere i rottamati. E il granduca Cosimo non era facile da sostituire. Nel Salone egli vuole mostrare che quello è ormai il «suo» Palazzo, che non appartiene più al popolo e dunque alla città, ma che è sempre di più il suo centro di potere, sempre più Palazzo della Signoria e sempre meno Palazzo dei Priori. Il Salone dei Cinquecento è l'Istituto Luce della famiglia Medici. È il sito internet della casa, il profilo ufficiale per i fan su Facebook. Chi ci entra deve gustare tutte le vittorie e rimanere colpito al primo sguardo. È il kolossal della famiglia. Il Salone dei

Cinquecento è il luogo dove mostrare la *sua* magnificenza. Non può accettare che sia invece celebrata una vittoria della Repubblica, riportata ad Anghiari oltre un secolo prima. E allora l'affresco deve sparire.

C'è il piccolo, insignificante particolare che quell'opera l'ha realizzata Leonardo da Vinci e pare sia una meraviglia unica. Ma il granduca non è interessato a tutte queste sottigliezze artistiche.

Non ci sono tracce scritte della decisione, o almeno non ne abbiamo ritrovate. Possiamo immaginare che Cosimo ordini a Vasari la distruzione dell'opera di Leonardo. E mi piace pensare che Vasari sia andato in crisi. Leonardo era il suo mito. Il suo modello. E proprio a lui tocca adesso distruggerne il capolavoro. Triste destino. Me lo figuro tornare a casa la sera, roso dai dubbi e dall'inquietudine. Assalito dall'ansia mentre, dopo aver impiegato appena sei mesi per fare un'opera difficilissima e complessa come il Corridoio tra Palazzo Vecchio, gli Uffizi e Palazzo Pitti, usa la tecnica più antica del mondo: intanto si prende tempo, rinviare e palla lunga. Impiegherà infatti dieci anni per terminare gli affreschi richiestigli dal granduca.

Ma alla fine il Salone dei Cinquecento si presenta profondamente rinnovato. Ci sono sei affreschi alle pareti. Non c'è più la *Battaglia di Anghiari*. E allora?

Per cinque secoli il mistero della *Battaglia* torna ciclicamente fuori. Finché un team italoamericano guidato dall'ingegner Maurizio Seracini produce una serie di documenti interessanti, basandosi su rigorose analisi tecniche supportate dalle nuove strumentazioni e su documenti d'archivio poco valorizzati nel passato.

Emerge un quadro divertente, o intrigante a seconda dei punti di vista. Ci sono sei affreschi: sotto uno solo di questi – lo stesso dove Leonardo ha dipinto – si trovano tracce di un'intercapedine. C'è un muro, lì sotto. E solo lì, in nessuno degli altri sei pannelli. Negli archivi si rinvengono le testimonianze di un ordine di mattoni a una fornace di Campi Bisenzio e del relativo pagamento. Un ulteriore indizio: sembra che qualcuno abbia voluto costruire sopra il muro originario un altro muro. E la fabbrica di Palazzo Vecchio ha pure pagato il fornitore con tanto di ricevuta, cosa che potrebbe stupire qualcuno oggi, nella nostra società basata sull'evasione fiscale.

I sei pannelli vengono finalmente analizzati uno a uno. Solo in quello che occupa il posto di Leonardo, Vasari lascia un indizio. In una bandiera, invisibile da terra al granduca e a tutta la sua corte, e con la punta indirizzata verso la base dell'affresco, si legge molto chiaramente una scritta che le analisi confermano coeva. Ed è una scritta che mette i brividi: «cerca trova». Che significa? Chi l'ha lasciata, se non Vasari? E perché? Voleva forse trasmettere un messaggio di nascosto dalla committenza?

Qualcuno potrà storcere il naso pensando a una caccia al tesoro di una parrocchia di periferia, lo so. Ma è uno dei più grandi capolavori del Rinascimento. E allora vale la pena approfondire. Vincendo le resistenze di moltissimi addetti ai lavori, il team dell'ingegner Seracini riesce a lavorare insieme a «National Geographic», all'Opificio delle pietre dure, all'Università della California di San Diego e alla città di Firenze ottenendo, nel marzo 2012, la prova decisiva: sotto l'affresco del Vasari non solo c'è davvero un'intercapedine. Ma ci sono tracce di materiale organico, olio, uovo, ciò che serviva per dipingere. Inoltre, una microtelecamera inserita in un piccolo foro già esistente mostra, in modo inequivocabile, il segno di una pennellata.

I mezzi a nostra disposizione oggi consentono tranquillamente di verificare le condizioni del dipinto. Lo faremo nei prossimi mesi. Se, come pensiamo, non è definitivamente compromesso, potremmo anche intervenire con la tecnica dello strappo per staccare una parte dell'affresco del Vasari, estrarre il capolavoro di Leonardo da Vinci, e poi riposizionare l'opera vasariana senza alcun danno. E chiedere ai bravissimi tecnici del restauro di riportare la *Battaglia di Anghiari* all'antico splendore.

Mi accusano di farlo per esigenze di marketing. Trovare dentro il Palazzo del comune l'opera più importante di Leonardo effettivamente è una bella storia da raccontare in giro per il mondo. E voglio farlo, ovviamente, con tutti gli strumenti che l'innovazione tecnologica mi consente. Del resto, per arrivare a questo punto sono persino finito dai carabinieri, interrogato per via dell'esposto dell'associazione ambientalista Italia Nostra. Prima ancora che si iniziassero i test sulla parete, un appello di autorevolissimi, eminentissimi e capacissimi professori universitari (tutti rispettabili, per carità, ma alcuni sembrano più sòle che soloni, a giudicare dai risultati) già esprimeva il raccapriccio e la preoccupazione per i danni che la ricerca poteva fare. Danni? Quali danni? Ovviamente nessuno ha toccato il Vasari, intervenendo soltanto sulle parti in cui la *Battaglia di Scannagallo* era lesionata.

Il problema è che nel mondo della cultura ci sono tante persone coraggiose e innovative ma anche alcuni custodi soporiferi di un patrimonio che immaginano di loro proprietà, un patrimonio che, fosse stato per i loro criteri, non sarebbe mai esistito, e che vogliono far conoscere soltanto alle *élites*, secondo standard museali ottocenteschi. Si arrogano il diritto di difendere il passato con un'ostinazione tipica degli adepti di una setta più che dei funzionari di una pubblica comunità. Dimenticano, lorsignori, che fosse stato per loro il genio sarebbe stato sempre tarpato. E saremmo una grigia città di perbenisti. Penso che se avesse visto il cancan mediatico sulla vicenda, il primo a farsi due risate sarebbe stato proprio Giorgio Vasari.

Ma c'è qualcosa di più triste in questa guerra preventiva scatenata da alcuni soliti noti. È l'idea che si debba frustrare la curiosità. Che si debba aver paura della ricerca. Che si debba temere la sorpresa. Che si debba rifiutare la passione della scoperta o l'inquietudine dell'incertezza. Tutto serve a rafforzare l'indolenza degli addetti ai lavori, niente può scuoterne la coscienza. Le polemiche intorno alla *Battaglia di Anghiari* sono una metafora delle opportunità che Firenze e l'Italia sprecano. Abbiamo a portata di mano un capolavoro che arricchisce l'identità culturale dei cittadini, che chiarisce un mistero lungo cinque secoli e che può essere fonte di ricchezza, anche – perché no – economica. Ma c'è chi deve dire di no a prescindere perché bisogna difendere la malinconia dello *status quo*. Continuo a pensare che la grande sfida dei prossimi anni non sarà tra conservatori e progressisti, ma tra paurosi e coraggiosi.

In quei due lunghi mesi in cui ero a conoscenza dell'esito delle controanalisi sulla presenza della *Battaglia di Anghiari* ma ero vincolato al silenzio più rigoroso, in attesa della comunicazione ufficiale, mi sono più volte sorpreso a rimuginare su quei professoroni. Quelli che ci hanno criticato prima ancora di sapere cosa stessimo facendo. Quelli che ci hanno bollato di ignoranza senza sapere che la loro supponenza aveva torto. Quelli che ci hanno etichettato come cacciatori d'oro di quel particolare West che si chiama marketing, senza fare lo sforzo di capire cosa muovesse la nostra curiosità, ovvero il desiderio profondo di cercare e ricercare, provare e riprovare, fallire e ripartire. Il desiderio che ci fa essere donne e uomini e non solo numeri seriali. E penso agli studenti di questi professoroni. Mi domando con quale fiducia ascolteranno adesso le loro lezioni, le riflessioni di coloro che hanno anteposto la propria pigrizia alla realtà. Intanto Seracini ha dimostrato che lì sotto, contro tutte le previsioni, c'è un dipinto. E se i professionisti dell'invidia non ci ostacoleranno troppo riusciremo anche a tirarlo fuori.

Da quando lavoro a Palazzo Vecchio ho imparato a conoscerlo, ma nonostante la familiarità quotidiana, ogni volta che mi fermo per osservarlo meglio scopro qualcosa di nuovo. Sa sempre stupirmi con un particolare inedito. Tra queste mura è davvero passata la storia e quando penso a tutti i grandi personaggi che hanno percorso queste sale mi prende una specie di capogiro.

Qui tra gli altri ha avuto il suo ufficio Niccolò Machiavelli quando era segretario di Stato, nella vecchia cancelleria, dove oggi si trova il busto che lo ritrae, probabilmente modellato sulla sua maschera funebre.

Sarebbe bello parlare un po' di lui, visto che nel 2013 ricorre il cinquecentenario della stesura del *Principe*, uno dei capolavori della dottrina politica di tutti i tempi, ancora oggi tra le letture obbligatorie per gli aspiranti agenti della Cia. Sarebbe bello parlare anche del suo indiscutibile cinismo, spesso associato alla frase: «Il fine giustifica i mezzi», che però in verità lui non scrisse mai. Raccontare la sua passione per la cosa pubblica. Tornare al tempo del suo esilio a San Casciano, dove gioca a carte come i bifolchi all'osteria e poi, però, la sera, si mette i suoi vestiti migliori e allo scrittoio conversa con tutti i più grandi personaggi del passato. Ancora una volta Firenze tiene insieme gli aspetti quotidiani, anche volgari, e quelli alti, nobili, più puri. Sarebbe bello rileggere le sue lettere ai Medici, o a un altro tecnico della politica come Francesco Guicciardini. Non voglio spendere troppe parole, ma è d'obbligo almeno un'osservazione sul rapporto tra tecnici e politici. Firenze forma e forgia generazioni di tecnici della politica. Sono i Leonardo Bruni, i Coluccio Salutati, i Poggio Bracciolini. Naturalmente sono anche i Niccolò Machiavelli e i Francesco Guicciardini, a un livello ancora più alto. Scrivono pagine memorabili sul valore dell'impegno pubblico e della competenza tecnica nell'assolverlo. I tecnici non detestano la politica: detestano, talvolta, i politici. Ma in questo campo sono comprensibilmente in buona compagnia.

La crisi finanziaria dell'Europa del nostro tempo e del debito sovrano ha spalancato le porte all'ingresso di tecnici nel governo di alcuni Paesi, tra cui l'Italia. E ha rafforzato il ruolo di alcune istituzioni i cui vertici sono indipendenti e non eletti dal popolo, a partire dalla Banca centrale europea. L'opinione pubblica di tutto il mondo ha aperto il dibattito, sospesa tra giudizi entusiasti di chi finalmente brinda al governo che fa le cose e chi mette in guardia da questi «romantici profondamente privi di senso pratico [...] che in base alle loro visioni romantiche sono spesso crudeli», chiedono «sacrifici esorbitanti a carico di lavoratori e famiglie comuni [...]. E per salvare l'economia mondiale, dobbiamo rovesciare questi pericolosi romantici dai loro piedistalli» come scriveva il Premio Nobel per l'Economia Paul Krugman sul «New York Times» il 22 novembre 2011.

I tecnici che adesso governano l'Italia non hanno scippato niente a nessuno, diciamoci la verità. Anzi! Dobbiamo alla saggezza e alla lungimiranza del presidente della Repubblica Giorgio Napolitano se un passaggio di consegne così delicato si è svolto in quattro giorni e ha consentito al Paese di riacquistare credibilità internazionale. I tecnici hanno riempito il vuoto creato dalla pochezza di chi c'era prima. Se ci sono, è perché i politici hanno fallito. Dobbiamo riprovare. Magari cambiando le facce di chi da anni non vuole saperne di mollare la presa.

Io faccio il tifo per l'Italia, sempre. E allora mi auguro che il governo dei professori e dei banchieri agisca per il suo bene. Dell'Italia, intendo. In generale mi sembrano brave persone. Competenti. Quando li vedi in televisione ti sembra di avere a che fare con persone che se interrogate sanno come rispondere. Ti senti rassicurato: dopo anni di cabaret finalmente qualcuno che conosce i problemi, e vuole provare a risolverli. Dopo un governo in cui c'erano Bossi, Brunetta e la Brambilla è tutto un altro vivere, oggettivamente.

Ma, se devo allargare il ragionamento, ho il dovere di dire che, insieme alla peggiore classe politica degli ultimi anni, un significativo contributo alla crisi italiana arriva anche dalla medesima generazione di tecnici di cui stiamo parlando. C'erano anche loro, non stavano in ferie. Dov'erano i baroni universitari e i banchieri – e potremmo citare anche i giornalisti – quando si è combinato tutto il pasticcio in cui ci troviamo? Quando il debito pubblico cresceva a ritmi vertiginosi con l'immorale conseguenza che le spese dei padri avrebbero schiacciato i figli? Mettiamola così: ora professori e banchieri sono agli esami di riparazione. Devono emendarsi. Ma il futuro è nelle mani di chi è in grado di prendere i voti delle persone, non solo di chi ben si destreggia nei palazzi delle grandi manovre. Non è che i tecnici di per sé risolvano ogni cosa. Se usciamo in macchina e in strada non ci sono vigili può essere un problema. Ma migliaia di vigili a tutti gli incroci non potranno mai dirci dove abbiamo deciso di andare. Alla guida ci siamo noi, non i poteri forti o i politici deboli.

Il politico ha un grande dono e una grande responsabilità. Viene chiamato dai suoi concittadini a svolgere – per un determinato periodo, è bene ricordarlo – una funzione pubblica. Viene chiamato a rappresentarli per realizzare delle riforme. Ciò che mi umilia, nella discussione attuale, è sentir ripetere che il governo tecnico fa ciò che i politici non possono fare, perché altrimenti perdono il consenso degli elettori. Non ho mai sentito una balla più grande di questa. È vero piuttosto il contrario: i politici perdono il consenso perché non hanno il coraggio di fare quello per cui sono pagati. E cioè parlare il linguaggio della verità, realizzando cose concrete. Se la politica in questi anni ha perso l'onore del rispetto da parte dei cittadini la colpa non è di ciò che i politici hanno fatto (oddio, non esageriamo, in alcuni casi c'è chi ce l'ha messa tutta per rovinare l'immagine della categoria), ma soprattutto per ciò che i politici non hanno fatto. Avete seguito la vicenda delle pensioni? Certo, ci sono stati per una settimana dei mal di pancia. Ma gli italiani non sono pazzi: sanno benissimo che con l'età media che si allunga è un dovere lavorare di più e andare in pensione più tardi. L'importante è che adesso i soldi che lo Stato risparmia siano spesi in modo intelligente, davvero.

I tecnici possono fare i compiti a casa e io spero che li facciano bene. Ma qualcuno vorrebbe riproporre, nel 2013, lo stesso schema dei tecnici al potere, dopo le elezioni. Per me sarebbe la morte della politica. La vera sfida oggi è riaccendere la speranza. E questa impresa – ardua – sarà possibile solo per chi è stato eletto dai cittadini.

5
Brunelleschi e la meritocrazia

Firenze è tra le poche città italiane in cui il Palazzo comunale e il Duomo, dove vi voglio condurre ora, non sono nella stessa piazza. Per molti osservatori questa scelta urbanistica – pure temperata dal fatto che l'architetto della prima pietra è lo stesso, quell'Arnolfo di Cambio che sarà per molti aspetti decisivo nella storia della città gigliata – nasce dal desiderio di affermare la laicità di Firenze. Come dire: dimostriamo che c'è una netta separazione, anche fisica, tra i due poteri.

In realtà il rapporto tra la fede e la città è sempre stato articolato e complesso. Sulla porta maggiore di Palazzo Vecchio (fra il *David* di Michelangelo e l'*Ercole* del Bandinelli) ancora oggi si trova una lastra di marmo con questa epigrafe: «Jesus Christus Rex Florentini Populi S.P. Decreto Electus». Fu posta nel 1528 quando, durante il duro assedio, il Consiglio della città decise a grande maggioranza di eleggere Gesù Cristo re di Firenze. Atto pieno di significato che non salvò la città dal ritorno dei Medici. E nella storia di Firenze sono state scritte pagine e pagine, felici e drammatiche, su questa composita relazione. Su tutte, naturalmente, la vicenda di Galileo Galilei, una delle menti più grandi della storia umana. Le sue intuizioni, dalla celeberrima frase «Eppur si muove» – che secondo la vulgata pronunciò di fronte al tribunale dell'Inquisizione al termine dell'abiura – fino all'invenzione del cannocchiale, non soltanto riusciranno nell'impresa più unica che rara di far apprezzare un pisano a Firenze, ma costituiranno soprattutto un passo in avanti incredibile per la scienza del tempo. Sarebbe interessante riscoprire la Firenze scientifica, troppo spesso messa in secondo piano rispetto all'eccellenza delle arti figurative o letterarie. Questa città è stata un centro incredibile di ricerca e innovazione e ancora oggi tante sono le istituzioni – dal Museo Galileo fino all'Osservatorio di Arcetri o alla Specola – che valorizzano questi aspetti.

Galilei sopporta il terribile dramma di incrociare la Chiesa della Controriforma. Lui, così profondamente uomo di fede, viene costretto a fare marcia indietro contro le evidenze della sua ricerca. Pellegrino della curiosità, se fosse vissuto due secoli prima, nella Firenze dell'Umanesimo, probabilmente avrebbe avuto maggiore fortuna. C'è un elemento che affascina nella vita dello scienziato e del ricercatore. La fame di curiosità, il bisogno di capire, il desiderio di vincere i dubbi. Firenze è casa anche di questo confronto, di questo conflitto, di questa tensione ideale.

Il legame particolare tra Chiesa e società fiorentina offre spunti di riflessione sempre nuovi e intriganti. In tempi di accese discussioni sulla laicità, da cattolico impegnato in politica, avverto tutto il fascino dell'argomento e credo che i primi difensori della laicità delle istituzioni debbano essere proprio i politici credenti.

Questo non significa lasciare i valori personali e spirituali fuori dalla porta dell'ufficio, ma agire come rappresentante di tutti e non solo di quelli che la pensano come noi.

Mentre rimugino sulla questione, tuttavia, penso che certe letture sociologiche siano sempre difficilmente etichettabili, almeno a Firenze.

Ne è un esempio Orsanmichele, ex granaio poi chiesa e sede delle Corporazioni e delle Arti, che si trova in via de' Calzaiuoli, esattamente a metà strada tra le piazze della Signoria e del Duomo. Nel 1343 i fiorentini hanno chiamato a governare la città, che attraversa un momento di crisi, Gualtieri VI di Brienne. Sperano che uno straniero, non legato alle fazioni cittadine, possa adottare provvedimenti risolutivi. Sbagliano, ovviamente. E dopo pochi mesi, stufi della sua intollerabile tirannia, il giorno di sant'Anna congiurano contro di lui, che se la dà a gambe, temendo il peggio. Doveva aver mangiato la foglia da un pezzo, visto che a Palazzo Vecchio si era fatto costruire una via di fuga collegata direttamente con i propri appartamenti, per mettersi in salvo di soppiatto.

Subito dopo la cacciata del duca, che si ricorda ancora oggi nel luglio di ogni anno, proprio i rappresentanti di tutte le Arti decisero di porre in Orsanmichele un bellissimo quadro di sant'Anna, con un gesto molto significativo: l'oratorio, sovvenzionato da una tassa pubblica, era una delle costruzioni più importanti dell'età comunale a Firenze. Porvi l'icona della santa stava quindi a indicare l'ufficialità e la natura civica del «nuovo culto». E infatti il governo deliberò che «nel dì della beata Anna, madre della Vergine gloriosa, per la liberazione della città e dei cittadini e per la liberazione dal giogo pernicioso e tirannico, nella ricorrenza della festività di S. Anna, dai Priori, dagli altri Rettori della città e dai Consoli delle arti si dovessero fare offerte di ceri e danaro davanti alla immagine di detta santa in San Michele» e che «si corresse un palio del valore di trentadue fiorini d'oro».

Ma Orsanmichele, proprio perché sede delle Corporazioni e delle Arti, mi suggerisce anche un'altra riflessione. Scivolosa, per me, perché su questo mi attaccano in tanti.

Nella Firenze del Trecento, l'iscrizione a un'Arte presupponeva una società organizzata secondo schemi di rappresentanza moderni ed efficaci. «Non avere né arte né parte» è un'espressione coniata in quel periodo per indicare chi non conta niente, perché è fuori da tutto.

Se penso alle associazioni di categoria del nostro tempo, ai nostri (si fa per dire nostri) sindacati, alle camere di commercio, ai partiti di oggi, spesso considerati gli eredi delle Corporazioni e delle Arti, mi pare che rispetto ad allora abbiano perso molto terreno. Io non credo alla rappresentatività di sindacati, camere di commercio, partiti. Per tanti motivi.

Il sindacato ha avuto una funzione fondamentale in Italia, ma nel corso degli ultimi anni si è limitato a difendere solo chi era già garantito: non è un caso se i pensionati sono di gran lunga la categoria più rappresentata. Io non sono contro i sindacati, anzi. Per esempio, nella mia città quando il sindacato funziona, spesso grazie alla generosità e alla forza di volontà di singoli bravi e capaci, tutto fila liscio: gestire le trattative con le aziende è molto più semplice e i risultati si ottengono davvero. Uno, dieci, cento sindacalisti appassionati cambiano la storia delle vertenze, e di questo sono grato a chi si mette in gioco, a chi prova, a chi vive lo spirito di servizio. Ma è impossibile non notare come le società di servizi o le strutture burocratiche rischino di annacquare l'originale senso della missione del sindacato.

Le camere di commercio non fanno nulla di male, di solito. Ma raramente fanno anche qualcosa di buono, a essere sinceri. Io non avrei dubbi nell'eliminarle. O almeno nel cancellare l'obbligo d'iscrizione. Chiedete alle aziende se vogliono iscriversi o meno. E poi si ragiona.

Quanto ai partiti, il ragionamento è ancora più lineare. Oggi, nei fatti, l'organizzazione piramidale che è servita molto in passato è venuta meno. I partiti strutturati, organizzati come una volta non servono più. E infatti non ci sono più. Voi pensate di vederli, ma sono poco più che illusioni ottiche. Può piacere o meno, ma è una nostalgica romanticheria credere in un sistema per cui le persone cresciute nelle sezioni danno la linea agli amministratori che poi vanno a spiegare ai cittadini ciò che loro devono pensare. Onore al merito dei militanti, straordinario e prezioso mondo di persone che dedicano serate per preparare feste o organizzare riunioni. Plaudo alla loro passione, al loro impegno, alla loro costanza. Ma il mondo è cambiato e anche se qualcuno si lamenta (non io) non abbiamo alternative: i cittadini decidono chi votare e gli eletti compongono i partiti, coinvolgendo quanto più possibile i militanti. I partiti possono formare una classe dirigente, creare occasioni di dibattito, favorire l'approfondimento di alcune questioni. Per il resto sono virtuose occasioni di lotta alla solitudine totalmente inefficaci nella nuova stagione della politica, a differenza di quanto avveniva nella seconda metà del secolo scorso: allora era meglio fare il segretario di partito che non il presidente del consiglio, aveva maggiore potere il segretario di partito che non il sindaco. Oggi tutto è rovesciato.

Ecco perché – mi dico – i partiti non devono stare nelle aziende pubbliche: perché ormai rappresentano poco più di se stessi. Sicuramente non la società, come accadeva ai tempi delle Corporazioni e delle Arti. Da quando sono sindaco non ho mai discusso con i partiti i nomi delle persone che stanno nelle aziende municipalizzate: le scelgo io perché ne rispondo io.

Questo è anche il motivo per cui da tempo, insieme a molti compagni di avventura, chiedo l'abolizione del finanziamento pubblico ai partiti. Sono uno spreco di denaro che segue logiche assurde. L'erogazione è dovuta per tutti e cinque gli anni di legislatura, indipendentemente dalla sua durata effettiva. Può quindi succedere che i partiti prendano rimborsi doppi, come nel 2008, quando intascarono sia le quote annuali relative alla XV Legislatura che quelle della XVI. Peraltro, il rimborso elettorale non ha attinenza diretta con le spese effettivamente sostenute per le campagne elettorali. Nel 2010, secondo i dati diffusi dalla «Gazzetta Ufficiale», i sessantasette partiti (sessantasette? Arghh!) hanno ricevuto in tutto duecentoventuno milioni di euro. Di questi solo una sessantina di milioni sarebbero stati spesi per le campagne elettorali. Un governo che vuole essere serio, prima di mettere le mani in tasca ai cittadini dovrebbe dare un'occhiata ai bilanci dei partiti e magari anche dei sindacati.

Il finanziamento pubblico ai partiti va abolito per molte ragioni, la prima delle quali è che un referendum l'ha deciso, e bisognerebbe abituarsi a rispettare il risultato dei referendum. Va abolito perché i controlli sono scarsi: non capisco come la Lega Nord possa investire 4,5 milioni in fondi della Tanzania o come i dirigenti della Margherita (partito che si è sciolto nel 2007) possano scoprire dopo anni ammanchi nelle casse per tredici milioni di euro (come siamo diventati moderni: un tempo si rubava per il partito, adesso si ruba al partito).

Ma va abolito soprattutto perché i partiti tradizionali nei fatti non ci sono più. Questo è il vero problema: rischiamo di trasformare le strutture centrali dei partiti in uffici burocratici con molto personale e poche idee. Un partito dovrebbe lanciare idee, non organizzarsi come un ente pubblico. Un partito dovrebbe essere una palestra, non un ministero. Appartiene ai suoi elettori, non ai funzionari. Leggete queste parole: «I partiti di oggi sono soprattutto macchine di potere e di clientela: scarsa o mistificata conoscenza della vita e dei problemi della società e della gente, idee, ideali, programmi pochi o vaghi, sentimenti e passione civile zero. Gestiscono interessi, i più disparati, i più contraddittori, talvolta anche loschi, comunque senza alcun rapporto con le esigenze e i bisogni umani emergenti, oppure distorcendoli, senza perseguire il bene comune». I compagni rigidi custodi dell'ortodossia, dunque, prima di scomunicarmi almeno stavolta diano un occhio alla fonte. Vi domanderete: e questo che cos'è? L'intervento di un rottamatore alla Leopolda? Macché. È lo stralcio di una celebre intervista a Enrico Berlinguer realizzata da Eugenio Scalfari nel 1981...

Alla luce di tutto questo e del profondo cambiamento dei tempi, a mio giudizio, l'istituto delle primarie è fondamentale per consentire ai cittadini – i più interessati, certo – di scegliere i candidati. Le primarie europee sono un'invenzione del Partito democratico, il mio partito, quello al quale sono iscritto. Mi accusano di volerlo rottamare perché ho proposto di cambiare il gruppo dirigente. Faccio sommessamente notare che sono l'unico sindaco d'Italia ad avere una giunta tutta del Pd. Solo del Pd. Perché io credo a un Pd che sia davvero un Partito ma che sia soprattutto Democratico, sulla base dell'esempio americano o di quello proposto da Tony Blair.

Le primarie hanno funzionato fino a ora molto bene: sia a livello nazionale per l'elezione di Prodi, Veltroni, Bersani sia a livello locale per i sindaci di Torino, Milano, Bologna, Cagliari, Firenze e di centinaia di altre città, oltre che della regione Puglia. Non capisco quelli che vogliono cambiare le regole in corso d'opera.

Non è facile governare una città ed essere coerenti con questa teoria. Se ci credi davvero, se davvero pensi che la partecipazione sia la chiave della politica futura, sei costretto a trovare formule innovative: troppi politici sono intossicati dall'idea perversa per cui interpellare tre associazioni di categoria vuol dire sentire l'intera società civile. Non è così. Bisogna sforzarsi di inventare soluzioni nuove, magari fantasiose. Una città non cambia per il vezzo di un archistar che viene a fare un progetto particolarmente bello, ma con piccoli atti di gentilezza urbana che partono dai singoli cittadini. Una città può risvegliarsi e cambiare per l'amore e l'umore dei propri abitanti, non per un progetto calato dall'alto. Mi viene in mente subito un esperimento che abbiamo fatto a Firenze: abbiamo scelto in città cento luoghi simbolici. Non solo in centro ma anche e soprattutto in periferia. Per ogni luogo abbiamo immaginato un progetto, e compiuto con gli uffici comunali tutte le necessarie verifiche sui bilanci e sui fondi per portarlo a termine, perché, come si dice da noi, «senza lilleri non si lallera». E poi ci siamo confrontati con i cittadini. Ascoltandoli, rispondendo alle loro obiezioni, prendendo appunti. Lo scopo non è dar ragione a ogni costo: non sarebbe giusto. Ma garantire la disponibilità al dialogo e il coraggio di spiegare apertamente i propri no.

Per dare un senso profondo all'iniziativa, le cento assemblee si riuniscono in contemporanea, la stessa sera alla stessa ora. Una volta l'anno, più o meno diecimila persone escono di casa. Vanno in piazza, al circolo, nella scuola, in parrocchia: il luogo dell'assemblea cambia a seconda della zona. E tutte queste persone – insieme – parlano del futuro della propria città. Con idee, critiche, suggerimenti, polemiche. In alcuni casi l'assemblea è unanime, in altri si spacca a metà; e può accadere anche che il comune torni sui suoi passi cambiando il progetto proposto se dalla cittadinanza arriva un suggerimento migliore.

Sarà banale, sarà demagogico, sarà superficiale, ma alla fine l'unico modo per sconfiggere l'antipolitica è coinvolgere nella politica i normali cittadini.

Uno dei cento luoghi, naturalmente, è piazza del Duomo. Perché il Duomo è lì dal 1296. Ma la piazza no. La piazza non c'era più perché per molti anni duemila autobus e circa diecimila mezzi a motore passavano proprio lì accanto. Credo che la pedonalizzazione di piazza del Duomo – come pure quelle successive di Tornabuoni e dell'Oltrarno – sia stata una vera e propria operazione culturale, forse la più importante della mia amministrazione. Risponde all'idea che le nostre strade rinascimentali non siano solo un percorso per veicoli che sfrecciano a tutte le ore. La piazza è fatta per incontrarsi, non solo per essere attraversata. Ora è cambiata la colonna sonora: dove c'era il frastuono dei motori, adesso si ascolta il ritmo dei passi.

In attesa di rottamare il mondo, mi sono limitato più banalmente a rottamare l'idea che si debba prendere l'auto anche per fare solo cinquecento metri. Non è solo il cambio di un senso unico o di un cartello: è il cambio di un'abitudine. Sullo sfondo c'è l'obiettivo di migliorare la qualità della vita.

Come dice l'architetto Jaime Lerner, storico sindaco di Curitiba, in Brasile: «L'auto è come la suocera. Ci devi avere un buon rapporto ma non può essere lei a comandare la tua vita». Lui ha impiegato settantadue ore per pedonalizzare una delle vie principali della città: non c'è gara per me, con i miei lunghissimi trentaquattro giorni trascorsi dalla comunicazione della decisione di pedonalizzare – dopo un lungo studio tecnico sui flussi di traffico – e il momento della chiusura. Mi consolo pensando ai precedenti cinquant'anni di discussioni sterili…

Ora nella piazza il Duomo e il Battistero si impongono in tutta la loro autorevolezza. C'è un piccolo spazio tra di loro, in cui sembrano guardarsi negli occhi. È lo spazio utilizzato il giorno di Pasqua per lo scoppio del carro, una cerimonia che risale a molti secoli or sono e che tuttavia conserva intatto il suo fascino.

L'origine è questa. Quando nel 1095 Goffredo di Buglione parte per la prima Crociata, molti fiorentini si sentono chiamati ad aderire alla causa. E alla fine saranno oltre duemila le persone che partiranno dalla città gigliata per la Terrasanta. Qualcuno di loro, più di altri, avrà modo di farsi notare per le proprie imprese. Su tutti Pazzino de' Pazzi che, secondo la leggenda, è il primo a salire sulle mura di Gerusalemme. I crociati lo omaggeranno con il dono di tre schegge del Santo Sepolcro. E il prezioso dono sarà riportato in terra toscana per essere conservato in una delle chiese del centro. Dopo molte vicissitudini, è custodito nella chiesa del Limbo in una suggestiva stradina che collega il Ponte Vecchio a via de' Tornabuoni.

La mattina di Pasqua, ogni anno per secoli, la famiglia Pazzi con quelle pietre accese un fuoco che veniva poi utilizzato per la tradizionale cerimonia dello scoppio del carro, il famoso «brindellone». Era una colombina, lanciata dall'interno del Duomo, a dare il la all'esplosione, che ancora oggi richiama migliaia di spettatori. La tradizione fu sospesa per qualche anno dopo la congiura ordita dalla famiglia dei Pazzi contro la signoria dei Medici. Sotto la spinta della popolazione si dovette però ripristinarla: ok, i Pazzi hanno ucciso Giuliano. Ci dispiace molto, poverino, riposi in pace. Ma noi lo spettacolo lo vogliamo lo stesso.

Gli anni in cui la colombina non riusciva ad accendere il fuoco erano considerati nefasti. Ovviamente a queste stime scaramantiche non ha mai creduto nessuno: però l'ultima volta che lo scoppio del carro non è avvenuto è stato nel 1966, l'anno dell'alluvione. E allora dall'anno dopo – per sicurezza, si capisce – si ingaggia una colombina finta, un piccolo razzo bianco. E lo scoppio è assicurato…

Ma veniamo al Battistero, spesso ingiustamente trascurato. Fosse in un'altra città sarebbe l'attrattiva numero uno. Ma è a Firenze, poveretto: e con tutta quella concorrenza se lo filano in pochi, molti meno di quelli che dovrebbero. Certo, quando finalmente i colori dell'esterno saranno riportati allo splendore originario, l'incentivo a entrare sarà maggiore. Ma senza illustrare le caratteristiche artistiche e religiose dell'interno, a partire dal meraviglioso mosaico del Cristo Pantocratore, limitiamoci a osservare ciò che il Battistero può dire a un cittadino del XXI secolo. Mi limito a due considerazioni.

La prima. Le porte del Battistero vengono realizzate a venticinque anni di distanza l'una dall'altra. Un quarto di secolo, dunque. Non molto in una città plurisecolare. Ma il cambiamento artistico e culturale è profondo. Dove c'è una società viva, dinamica, ricca di iniziativa il tempo scorre a una velocità doppia. Pensiamo ai nostri giorni. La rapidità del cambiamento spaventa. Quindici anni fa Google non esisteva e i telefonini erano ancora accessori per pochi: quando racconto ai miei figli che c'è stato un tempo senza cellulari mi guardano perplessi. «Babbo, ma come facevate a sentirvi?»

Ma se vogliamo astrarci dal quotidiano pensiamo a come l'ultimo quarto di secolo ha cambiato mezzo mondo: dalla fine delle dittature in Sudamerica all'implosione dei Paesi del Patto di Varsavia, dalla crisi dei Balcani fino all'ascesa delle tigri del Far East. Non è solo una questione geografica, ma soprattutto politica. Pensierino della sera: mai avere paura della rapidità dei cambiamenti. Tolgono sicurezze, mi rendo conto. Ma contemporaneamente offrono opportunità. Il dinamismo attuale dovrebbe essere considerato positivo dai commentatori, che invece – troppo spesso – cedono alla logica del rimpianto. Secondo me dovremmo fare di più per meritarci questo tempo, il nostro tempo.

La seconda. Per decorare le porte del Battistero i fiorentini indicono un concorso. Un anno di tempo per raffigurare in quattro formelle di bronzo il celebre episodio biblico del sacrificio di Isacco. L'idea di per sé mi affascina e mi sembra molto attuale. Non si può aver paura della competizione, del merito, del confronto. Che vinca il migliore, l'importante è che il Paese scommetta sul talento. Dobbiamo abbandonare una cultura che promuove l'egualitarismo al posto dell'uguaglianza, nella scuola come nella società. Certo, i fiorentini erano più bravi a parole che nei fatti. Quando vedono i progetti di Lorenzo Ghiberti e di Filippo Brunelleschi infatti faticano a scegliere. E propongono che i due lavorino insieme.

Ovviamente ser Pippo Brunelleschi non ci sta. Antipatia per il collega? Un vezzo da archistar *ante litteram*? Incapacità di lavoro di squadra? Difficile stabilirlo. Certo è che quando poi sarà la volta del concorso per la cupola del Duomo le parti si invertiranno. E sarà Brunelleschi ad avere la meglio.

Già, la cupola. Quando viene realizzata è la più grande mai costruita: lo stesso Michelangelo l'ammirerà entusiasta. E quando parte per Roma, per fare il cupolone di San Pietro, dirà: «Vado a costruire la tua sorella. Più grande, ma non più bella». Brunelleschi si impone con un progetto nel quale non crede nessuno. Quella tecnica che prevede che l'intera struttura si sostenga solo su se stessa è troppo rischiosa. Non starà in piedi. Sei pazzo, ser Pippo? Non oso immaginare le notti di Brunelleschi. Perché oggi è facile la retorica di chi dice: «Bravo, uno che ce l'ha fatta». Già ma lui non lo sapeva mica di farcela. O perlomeno avrà avuto i suoi dubbi. E se la cupola fosse crollata? I fiorentini l'avrebbero fatto a fettine, preso in giro. Quando si è soli, contro tutti quelli che suggeriscono prudenza, bisogna avere una forza di volontà sovrumana per andare avanti. Brunelleschi per me è anche questo. Ammiro la cupola, mi stupisce, mi commuove, la sento mia come tutti i fiorentini. Ma c'è uno sforzo ancora più grande della sua costruzione: averci creduto. Non aver mollato. Non essersi rassegnato. Aver accettato il rischio del fallimento perché l'onta non è ammettere di non avercela fatta. L'onta vera è non provarci nemmeno.

Si dice che la cupola sia il simbolo di Firenze. Ma per me è molto di più. È il simbolo di una provocazione costante alla mia vita, alla vostra che leggete questo libro, a quella di miriadi di turisti annoiati o fiorentini distratti: una provocazione che obbliga a mettersi in gioco, qualsiasi cosa si faccia. A non dare nulla per scontato. Ad avere il gusto del tentativo. A non pensare che sia tutto già scritto all'insegna di banalità e grigiore.

Mi sono lasciato prendere la mano? Vi sono sembrato troppo aulico? Scusate. Ma è difficile trattenersi quando si crede profondamente in certe cose. E però torniamo alla base, subito. Del resto è facile, anche perché il Duomo non è solo la cupola. Ci sono decine di particolari curiosi intorno alla sua realizzazione. Un toro dalle lunghe corna, posizionato da un capomastro che la sapeva lunga proprio davanti alla casa di una sposa particolarmente chiacchierata. Il profeta Abacuc, dalla testa forse un po' sproporzionata, e subito ribattezzato con scarsa fantasia ma innegabile chiarezza «lo zuccone». E poi il mito di tutti i bambini, anche quelli più cresciuti: l'angelo seminascosto che solleva il braccio nell'inequivocabile gesto dell'ombrello. Avete letto bene: sulla facciata del Duomo c'è un angelo che manda a quel paese chi lo guarda. Non è strepitoso?

Mi piace questo atteggiamento. Costruire una cattedrale, senza prendersi troppo sul serio. Non dimenticando l'ironia. Continuando a sorridere, a scherzare, talvolta anche in modo pesante. Mandando messaggi in codice o semplicemente levandosi qualche soddisfazione, giocando con pietre che diventeranno opere d'arte ma che conservano una leggerezza straordinaria. Imbacuccati nelle loro cravatte d'ordinanza i politici sembrano invece i custodi di una società talmente seriosa da risultare insopportabile.

Ma il Duomo racchiude altri spunti utili per noi. Porta i nomi delle famiglie che contribuiscono a restaurare la facciata, nel XIX secolo. Quanto ne avremmo bisogno ancora oggi: e invece perdiamo tempo nelle polemiche sugli sponsor che finanzieranno il restauro del Colosseo. I privati che mettono soldi nella cultura andrebbero ringraziati, non criticati. Tranne che in questo mezzo secolo di politiche culturali delegate in toto alle sovrintendenze, nel passato si è sempre fatto così e sempre di più si agirà in tal modo in futuro. In più, per chi investe sul Duomo c'è uno sgravio fiscale. Il materiale destinato alla costruzione, se recava la scritta A UFO, Ad Usum Florentinae Operae, poteva non pagare dazio. Ah, se ci fosse anche oggi una sana politica fiscale a sostegno di chi investe in cultura...

Ma quello che per me risulta davvero decisivo è l'idea, non solo fiorentina, della costruzione della cattedrale come metafora. La generazione che getta le fondamenta sa che non ne vedrà la fine. Ma ciò nonostante inizia il progetto perché è animata da una visione che va oltre se stessa. È l'esempio che la politica può avere – deve avere – uno sguardo lungo, non solo sull'immediato. Altro che pensare alle prossime elezioni: qui si ragiona in prospettiva. Ciascuno porta il proprio contributo, ma non lega il proprio sforzo al risultato: sa di essere importante comunque. Costruire una cattedrale come metafora di una vita vissuta sognando il grande traguardo. Pregando, certo. Ma anche tenendo insieme le più avanzate tecniche di costruzione, i migliori maestri artigiani, i più brillanti innovatori del tempo. Quanto manca lo sforzo di qualcosa di più grande nella politica italiana: riunirsi attorno a un progetto capace di scaldare il cuore e allargare l'orizzonte.

Alessandro Baricco, nel suo *I barbari. Saggio sulla mutazione*, con il consueto acume confronta la costruzione della grande muraglia cinese e la costruzione delle cattedrali europee. Coeve, una serve a difendersi dai barbari, le altre a ospitare l'intero popolo che prega e che agisce. Una respinge, le altre accolgono. Una vive nella paura, le altre si nutrono di speranza. Mi pare una metafora molto bella. Il mondo economico di oggi, tuttavia, potrebbe apparire rovesciato. L'Estremo Oriente cresce a ritmi vertiginosi – chissà per quanto – continuando a scommettere sul futuro, senza paura. L'economia europea invece appare ripiegata e confusa, intimorita. Sembra quasi che ci siamo scambiati i ruoli. Vale la pena allora approfondire cosa insegna a tutti noi la storia economica dei mercanti e dei banchieri fiorentini…

6
Cosimo il Vecchio e la crisi dei mercati

La saggezza popolare dice che il miglior modo per fare i quattrini è non buttarli via. E Cosimo il Vecchio, primo signore di Firenze e *pater patriae*, doveva essere d'accordo con il principio, se a metà del Quattrocento, quando si tratta di scegliere l'architetto per costruire la casa di famiglia, oggi sede di provincia e prefettura, scarta il progetto di Brunelleschi. Troppo caro. Preferisce Michelozzo che offre un miglior rapporto qualità-prezzo. Qualcuno storce il naso. Ma come, il grande banchiere lesina sul proprio appartamento? Più o meno come scoprire un milionario a fare la spesa al discount. Non esageriamo: non sarebbe giusto nei confronti di Michelozzo, che sarà stato pure la seconda scelta ma di certo ci sapeva fare. Che il buon Cosimo non fosse di manica larga tuttavia è testimoniato da tanti piccoli e grandi indizi disseminati nel Palazzo Medici Riccardi.

Mi limito a segnalarne uno in particolare, uno di quelli che troverete difficilmente nelle guide. Il luogo più bello del Palazzo è sicuramente la Cappella dei Magi, affrescata da Benozzo Gozzoli. La cavalcata dei re orientali verso il Bambin Gesù era tradizionalmente una delle pagine bibliche più apprezzate a Firenze, celebrata ogni anno dalla confraternita omonima con un corteo sfarzoso. Gli affreschi di Benozzo nascondono decine di simboli e curiosità intriganti sul modo di vivere dei fiorentini di allora, ma il dettaglio che ci interessa è un autoritratto del pittore, che si immortala nell'atto di mostrare una mano aperta con quattro dita alzate. Non volendo far fare a Cosimo il Vecchio la figura del taccagno le guide sorvolano. In realtà è un messaggio in codice al Medici: devo ancora riscuotere quattrocento fiorini, mi paghi?

Ci sono molte affascinanti curiosità nel Palazzo Medici Riccardi: dai cerchi che si possono osservare sui bugni esterni al piano terreno (apposti direttamente da Michelozzo alle cave d'Oltrarno, come suggello d'idoneità) alla camera estiva in cui Lorenzo il Magnifico si rifugiava per sfuggire al caldo torrido; dalla dolcissima Madonna dipinta da Filippino Lippi, e ritrovata solo a inizio secolo in un ospedale psichiatrico, alla Biblioteca Riccardiana, che vanta, tra le altre cose, testi autografi di Petrarca, Boccaccio e Savonarola e gli affreschi di Luca Giordano, se vogliamo esaminare anche le aggiunte seicentesche. Non mi ci soffermo. Voglio parlare invece del sistema bancario di allora per capire se la situazione economica attuale può ricevere dalla storia qualche indicazione, qualche suggerimento, qualche stimolo.

Una premessa è necessaria: fino al secolo scorso le tensioni tra Paesi registrate durante la crisi del 2011 si sarebbero risolte con una guerra, non con un vertice dei ministri delle Finanze. Altro che spread e acquisto pianificato di titoli: la storia ci insegna che a rimettere a posto le cose, in un senso o nell'altro, provvedeva l'artiglieria pesante. Dunque evitiamo lo sguardo nostalgico verso un presunto passato migliore. Che però ci fa comunque riflettere su alcune cose.

La prima: il banco può saltare. Sembra una frase da casinò. In realtà è un'espressione fiorentina. Il banchiere è colui che ha un banco, appunto, su cui tiene fisicamente il denaro, lo riceve, lo presta. Quando fallisce, l'autorità distrugge letteralmente il banco. Lo spacca proprio. Ecco da dove deriva l'espressione bancarotta. Un'interessante ricerca dell'Accademia della Crusca ha mostrato come la parola «banco» sia attestata per la prima volta nel 1211 in un documento fiorentino. Solo due secoli dopo arriva il francese *la banque*, al femminile, e ancora più recenti sono l'inglese *bank* e il portoghese e spagnolo *banco*, più o meno databili alla fine del XV secolo.

Oggi invece le banche non saltano. Anzi, siamo cresciuti con l'idea che possano fare tutte le porcherie che vogliono, tanto sono quasi sempre «troppo grandi per fallire» e quindi arriva lo Stato, cioè noi, con le nostre tasse, a salvarle. Salviamo anche gli stipendi vergognosi dei manager, ahimè. Ma questa è un'altra storia. Persino l'amministrazione Obama è stata messa sotto accusa quando, l'anno dopo un corposo intervento pubblico per aiutare alcuni istituti di Wall Street, i supermanager o presunti tali sono subito tornati a staccarsi stipendi da favola.

Se siete stati abituati a leggere i giornali economici dell'ultimo lustro, vi sembrerà strano che nella Firenze di allora fossero invece le banche, o perlomeno alcune, a salvare gli Stati.

Lo sa bene la corona inglese che, a metà del Trecento, accumulò un debito di più di un milione di fiorini con alcuni istituti di credito fiorentini, i Bardi e i Peruzzi in primis, che poi non potendo farsi risarcire finirono male. A Firenze gira la storia che, presentatosi in visita ufficiale nel 1985 Carlo d'Inghilterra con Diana nei primi anni del loro matrimonio, una signora della nobiltà cittadina gli si sia avvicinata dicendo: «Io e la sua famiglia dobbiamo ancora chiudere i conti, da qualche secolo». Da me sottoposta a duro interrogatorio la principale sospettata ha negato con grande determinazione.

Seconda riflessione. Le banche prestano soldi, è ovvio. Lo fanno dopo una lunga e complicata serie di giustificazioni teologiche per evitare di incorrere in uno dei peccati più gravi, l'usura. Perché in realtà la Chiesa impediva il prestito di denaro con interesse. Sarà la riflessione del grande Tommaso d'Aquino a spostare l'attenzione dall'*an* al *quantum*: non più *se* fosse peccato prestare denaro, ma *quanto* fosse lecito chiedere come interesse. E a Firenze il pensiero di Tommaso avrà diffusione grazie ad Antonino, priore del convento di San Marco, che poi diventerà vescovo e santo, e di cui parleremo tra poco.

Ma se è naturale che le banche cerchino di guadagnare, va specificato – allora sarà sembrato banale, oggi meno – che lo fanno anche per dare una mano all'economia. Gli istituti del tempo ti sono vicini, diventano tuoi compagni di strada: l'internazionalizzazione di Firenze comincia con quei coraggiosi che aprono banchi fuori dai confini nazionali. Ai giorni nostri il problema principale in Italia è l'accesso al credito di famiglie e aziende. Quando pensiamo alle banche siamo portati fuori strada dal dibattito attuale. Molte, purtroppo, si limitano a far quadrare i propri sgangherati bilanci e utilizzano solo in questa chiave gli evidenti aiuti arrivati dalle istituzioni europee e nazionali. Significativo, al riguardo, l'atteggiamento di questi mesi: le autorità finanziarie europee prestano denaro all'1 per cento. Cosa fanno le banche? Usano il denaro preso in prestito per comprare titoli di Stato particolarmente redditizi (fino al 6 per cento). E al contempo serrano i rubinetti alle aziende: addirittura venti miliardi di euro in meno nel dicembre del 2011, secondo le stime di Mario Draghi, il presidente della Banca centrale europea. Poi ci si lamenta del fatto che le aziende chiudano, che i disoccupati aumentino. A che pro salvare il bilancio delle banche se poi le famiglie non mangiano?

Terza riflessione. Firenze non scherzava con il fisco. All'Archivio di Stato è conservato il cosiddetto catasto: l'elenco di tutte le proprietà dei fiorentini, frutto di un'indagine tributaria ordinata dai priori il 24 maggio del 1427 per far fronte alla crisi provocata dalle continue guerre con Milano. Una raccolta strabiliante di dichiarazioni dei redditi. I fiorentini sapevano tutto di tutti. E nessuno faceva il furbo.

Il tema del fisco oggi è destinato a giocare un ruolo sempre più significativo nel dibattito politico, non solo italiano. Pensate a Warren Buffett, nel 2011 al terzo posto tra gli uomini più ricchi del mondo, che non solo ha donato la bellezza di trentasette miliardi di dollari in beneficenza, ma addirittura ha pregato Barack Obama di alzare le tasse ai ricchi. «In proporzione» ha spiegato Buffett, «pago meno della mia segretaria.» Non a caso – rimugino – questo argomento sta diventando centrale nella campagna elettorale americana dove lo sfidante del presidente Obama, Mitt Romney, è accusato di aver pagato troppe poche tasse: appena il 14 per cento del suo notevolissimo patrimonio. Far pagare di più i ricchi, insomma. Niente di nuovo sotto il sole. Giovanni de' Medici, padre di Cosimo, aveva proposto all'inizio del Quattrocento una riforma della fiscalità fiorentina esattamente in questa direzione. Difficile dire se lo avesse fatto per convincimento ideologico – una sorta di patrimoniale *ante litteram* – o più probabilmente per motivi di convenienza pratica: azzoppare le famiglie avversarie che in quel momento erano più deboli. Il catasto, tuttavia, ci insegna che il modello americano dello «scaricare tutto, scaricare tutti» e della lotta all'evasione senza quartiere non ha bisogno di essere copiato da Oltreoceano. C'era già. Quello che manca – adesso come in tutto il secondo Dopoguerra – è la volontà di combattere davvero la piaga dell'evasione e dell'elusione.

Ma c'è qualcosa da aggiungere. La pressione fiscale sta letteralmente strozzando le famiglie e le aziende. Sono a contatto con la gente tutti i giorni e temo che il grido di dolore di questo nostro tempo non arrivi fino alle orecchie delle *élites* tecniche e politiche che siedono comode a Roma. A forza di addizionali, di aumenti, di interventi normativi siamo arrivati al punto di non ritorno. Nel mondo anglosassone siamo abituati a considerare due modelli ben distinti: la destra taglia le tasse, la sinistra aumenta la spesa. È arrivato il momento di dire che il nostro sistema di tassazione è terribilmente iniquo e che una sinistra veramente ispirata a criteri di giustizia sociale deve proporre un meccanismo chiaro e concreto per ridurla. L'ultimo governo Prodi provò la strada del cuneo fiscale, vale a dire l'alleggerimento delle tasse sul lavoro per le aziende. Personalmente credo che finché non si interviene direttamente sugli stipendi dei lavoratori meno agiati non si vada da nessuna parte. Mettere cento euro netti al mese in busta paga ai lavoratori che guadagnano meno di duemila euro al mese – circa diciassette milioni in Italia – ha un costo per lo Stato compreso tra i venti e i venticinque miliardi di euro. Ma sarebbe un forte sostegno alle famiglie che stanno sul filo del rasoio e produrrebbe immediatamente un recupero attraverso la tassazione indiretta. Perché chi è al limite spende, non tiene da parte. E, spendendo, rilancia i consumi.

Aiuterebbe inoltre una radicale revisione del regime fiscale. Vuoi investire sulla ricerca o sulla cultura? Bene. Io, Stato, ti vengo incontro. Al posto dell'ennesima accisa sulla benzina per pagare la cultura, riduco le tasse ai privati che vogliono investire in quel settore. Invece oggi se dai i soldi a un partito hai diritto al massimo della detrazione fiscale, se li dai a un'istituzione caritativa o culturale no. E poi la Casta si lamenta se la gente sceglie Beppe Grillo e altri demagoghi del genere. Quando capiremo – una volta per tutte – che l'antipolitica nasce per responsabilità precisa e univoca della politica? Smettano i papaveri romani di fare pasticci e vedrete come le cose si rimetteranno in sesto...

Quarta e ultima riflessione. Fondamentale in ogni sistema è la redistribuzione sociale, la lotta contro la crescente forbice economica tra chi ha e chi non ha. Non è una novità, sia chiaro. Anche allora c'era un bel clima effervescente. Solo per citare alcuni casi: Giano della Bella, pur essendo il rampollo di una delle più antiche famiglie nobili ghibelline, si fa paladino di una battaglia contro «la pestilenza dei grandi e possenti», lui che notoriamente apparteneva al club. Con gli Ordinamenti di Giustizia, promulgati nel 1293, mira a indebolire i magnati in favore del nascente ceto mercantile, e pone come condizione necessaria per essere eletti a incarichi di governo l'iscrizione a una delle Arti di Firenze. In sostanza, obbliga i nobili a trovarsi un lavoro. Le cose non andranno esattamente come aveva previsto, il popolo gli si rivolterà contro, ma Giano se la caverà comunque bene, finendo a gestire il banco dei Pazzi a Parigi, e morendo ricco e tranquillo all'estero.

Poco più di cinquant'anni dopo, ecco una nuova rivolta, il famoso tumulto dei Ciompi. Veniva chiamato «ciompo», cioè poveraccio, pezzente, l'operaio che cardava la lana. I Ciompi furono i protagonisti di una delle prime battaglie sindacali della nostra storia: insorsero nel 1345, guidati da un cardatore laniero che si chiamava Ciuto Brandini, che nel giro di pochi giorni perse la testa, letteralmente. Ma non dovevano passare molti anni prima che la questione dei diritti dei lavoratori più umili tornasse alla ribalta. Nel 1378 infatti gli operai dell'epoca – sfruttando le divisioni tra popolo grasso e popolo minuto – riuscirono a ottenere il diritto di associazione e di partecipazione alla vita pubblica, arrivando persino a eleggere un loro rappresentante, Michele di Lando, alla carica di gonfaloniere di giustizia. Ecco, il complicato gioco di ruolo delle istituzioni fiorentine di allora ci impone di descrivere la sua funzione. Mettiamola così: era una sorta di difensore civico che vigilava contro i soprusi dei grassi ai danni dei minuti. Contava un po' di più del difensore civico di oggi. Anche perché contare meno sarebbe difficile.

Durò poco pure stavolta. C'erano i Ciompi falchi e i Ciompi colombe. I rivoluzionari, insomma, e i riformisti. Litigarono, inaugurando una seria tradizione di divisioni nella sinistra che ancora continua, puntuale, in ogni stagione. Michele fu allontanato, le solite famiglie tornarono al potere. La stessa storia: le prime lotte di classe, le prime divisioni a sinistra, i primi fallimenti. Riprenderemo questa riflessione nel prossimo capitolo, spostandoci sulle mura della città, alle frontiere del nostro tempo. Ma già da adesso dobbiamo essere chiari: qui si gioca il futuro della sinistra italiana. Non possiamo avere paura delle liberalizzazioni e delle riforme, purché queste scelte aiutino a creare un sistema più giusto e dove tutti abbiano in partenza le stesse opportunità. Puntare non all'egualitarismo ideologico folle, ma all'uguaglianza sostanziale prevista dalla nostra Costituzione: quella che chiede di rimuovere gli ostacoli e invita a giocarsela, con il proprio talento, con la propria capacità.

In questi mesi si discute tanto dell'articolo 18 dello Statuto dei lavoratori e come spesso accade si guarda il dito anziché la luna. Ormai nessuno crede più che da questa norma derivi il futuro dell'Italia. Però parlarne dà spazio sui giornali ed evita la fatica di pensare qualcosa di più serio e più profondo. Mi spiego. Il modo migliore per combattere la disoccupazione è da sempre soltanto uno: creare lavoro. Il lavoro si trova solo se c'è chi – rischiando – lo crea. E la sinistra, se vuole essere il partito del lavoro, dovrebbe dire grazie a chi il lavoro lo crea, no? Dobbiamo far di tutto perché gli imprenditori abbiano la libertà di provarci. Per chi vuole farlo, secondo voi, può essere un freno l'articolo 18 che impone il divieto di licenziare senza giusta causa (sacrosanto!) e obbliga l'azienda sopra i quindici dipendenti alla compensazione economica, come è giusto che sia, e al più discutibile reintegro? Certo che no. D'altro lato, l'articolo 18 non serve all'esercito di ragazzi privi di tutela che sono i veri emarginati del mondo del lavoro. Parliamo di cose serie. E diciamo una volta per tutte cosa frena l'impresa in Italia. Non il costo del lavoro, non il gap infrastrutturale ma la terribile abbinata di una burocrazia che blocca nelle sabbie mobili ogni pratica (vuoi edificare un capannone? Serve più tempo per le autorizzazioni che per la costruzione, una vergogna indicibile causata dalla legislazione frammentaria e dai troppi soggetti in causa) e una giustizia civile che non funziona con i tempi necessari. Se per riavere indietro i miei soldi in Italia devo aspettare quattro volte più che in Germania o Francia, come posso essere appetibile per gli investitori stranieri? Per creare posti di lavoro nel nostro Paese l'ostacolo principale non sono i temi che ogni giorno partiti e sindacati si rinfacciano sui giornali o nei talk-show. Lo dico per esperienza diretta, visto che come sindaco dialogo spesso con aziende multinazionali potenzialmente interessate a Firenze: quello che ci frega – sì, quello che ci frega perché non mi viene in mente un'espressione altrettanto appropriata – è l'incertezza normativa e burocratica. I dati di Confindustria sono chiari: su cento lavoratori, gli impiegati in aziende straniera sono quattordici in Francia, nove in Germania, meno di quattro in Italia. Qualcosa vorrà dire, no?

Tra l'altro l'Italia possiede tutte le caratteristiche per attrarre imprese innovative. Il nostro Paese ha da sempre prodotto il talento, i cervelli. Le botteghe fiorentine l'hanno sempre fatto, e l'obiettivo era imparare per superare il proprietario: «Tristo è quel discepol che non avanza il suo maestro» diceva Leonardo da Vinci cresciuto alla scuola del Verrocchio.

La Firenze che sta a cavallo tra Umanesimo e Rinascimento coglie tutto questo in modo perfetto. E utilizza i quattrini per creare qualcosa di grande. Nell'aprile del 1457 il quindicenne Galeazzo Maria Sforza viene ospitato con tutti gli onori (addirittura maggiori di quelli riservati al papa, in visita a Firenze negli stessi giorni) dai Medici, che per lui organizzano persino una «caccia esotica» con leoni e giraffe in piazza della Signoria. Al momento di partire, evidentemente colpito dalla profusione di arte e bellezza della città, scrive una frase che deve farci riflettere ancora oggi: «Con il sol denaro è impossibile fare tutto questo».

Qui sta il punto centrale della storia di Firenze. E forse anche il vero significato della lezione per noi. I quattrini allora c'erano, eccome se c'erano. Il fiorino era il dollaro dell'epoca, i prodotti finanziari davano sicurezza, chi aveva voglia di crederci poteva giocarsi un'opportunità. Ma c'era soprattutto una visione della città e della società per la quale il denaro non era il fine ma il mezzo. E doveva essere reinvestito – almeno in parte – sulla città. Per un motivo politico, secondo Cosimo: la qualità dei governanti dipende dalla cultura dei governati. E dunque investire sulla cultura diventa una priorità per chi guida la città. A questo si aggiunge un motivo religioso: perché se non si reinvestono i soldi guadagnati con le banche si rischia di andare all'inferno. E, per chi crede, non è piacevole. Ma se spenderne un po' per abbellire le chiese può regalare la salvezza dell'anima, allora è naturale che questo piccolo incentivo teologico abbia come risultato una tale fioritura di opere d'arte. Il terzo motivo è sociale: una città sta meglio se combatte la povertà. Che detta così sembra una frase scritta da monsieur de La Palice. Ma è causa di scelte non banali.

Dunque l'economia come motore dell'investimento culturale, religioso, sociale. Potrebbe sembrare una formulazione troppo teorica, troppo concettuale. E allora voglio citare tre luoghi simbolici, in grado di darcene conferma: la biblioteca Laurenziana, il convento di San Marco, l'Istituto degli Innocenti in piazza Santissima Annunziata.

Prima tappa. La Laurenziana è una creazione dei Medici. Prima a Firenze le biblioteche erano tutte private. Trasformare da privata a pubblica una collezione di libri oggi può apparire banale: una donazione e il gioco è fatto. Ma l'idea di un luogo aperto al pubblico è un'intuizione della famiglia Medici. Eh sì, famiglia perché sono almeno in tre ad aver collaborato. Cosimo il Vecchio, che ci ha messo i libri. Lorenzo il Magnifico, che ci ha messo l'idea. E il granduca Cosimo che quasi un secolo dopo l'ha realizzata. Aprire una biblioteca è un atto straordinario. Permette a tutti, soprattutto ai poveri, di accedere ai libri. È una scelta figlia di una visione lungimirante e basata sulla giustizia sociale.

Nel 1571 l'apertura della Laurenziana è dunque una rivoluzione nella fruizione della cultura. Un po' come Amazon e le librerie. Pare che in America, dove la rivoluzione è in corso in modo più visibile che da noi, proprio gli e-book abbiano messo in crisi il modello tradizionale della biblioteca. Perché andarci quando posso scaricarmi ormai tutti i classici gratuitamente dal divano di casa? E allora, proprio in America, si provano modelli alternativi. Si creano spazi che non servono più solo a prendere in prestito libri, ma diventano luoghi che educano alla condivisione. Pensate che a Chicago la *public library* addirittura organizza tornei di PlayStation, oltre che essersi attrezzata con centoquattro computer e strumenti musicali elettronici, per permettere ai ragazzi di creare brani musicali come in uno studio di registrazione. Perché attraverso queste iniziative si torni ad avere voglia di stare insieme. Ripenso alla mia città. Voglio che le biblioteche non siano il regno della polvere. Ma il luogo dove consentire ai ragazzi di investire i due patrimoni più grandi che hanno: il tempo e la curiosità. Insegnare ai ragazzi a leggere è la cura contro l'analfabetismo di ritorno, che secondo le stime colpisce più del sessanta per cento degli italiani. Abituarsi ai centoquaranta caratteri di Twitter, senza perdere però la gioia del libro. E mi piace pensare che una delle mie prime scelte in campo culturale abbia riguardato la Biblioteca delle Oblate. Abbiamo trovato i soldi per raddoppiare gli spazi (recuperando, non costruendo!) e la teniamo aperta fino a mezzanotte. Alla fine del mandato potrò andare fiero dell'inaugurazione di quattro nuove biblioteche in città.

Seconda tappa. San Marco. All'epoca di Cosimo, il priore è quel sant'Antonino che introduce a Firenze il pensiero tomistico e dà il via libera dottrinale al prestito bancario. Era un personaggio straordinario. Piccolo e macilento, da bambino s'era presentato al grande beato Giovanni Dominici, il quale lo aveva giudicato inadatto alla dura vita del chiostro. «Torna un altro anno» gli disse «e intanto impara tutte le Decretali.» Antonino, che era figlio di un notaio, l'anno dopo si ripresentò, recitandogli a memoria tutte le migliaia di articoli di quel Codice legislativo, e così fu accolto nell'Ordine. Da grande, quando il papa lo nominò vescovo di Firenze, fuggì in Maremma. Fu ricondotto a forza in città, dove volle entrare a piedi nudi, in segno di umiltà. Pur essendo amico di Cosimo, si oppose fortemente al suo tentativo di cancellare il voto segreto a Palazzo Vecchio: Cosimo avrebbe voluto vedere chi metteva nel bossolo la fava bianca o la fava nera, in modo da sapere chi gli era favorevole e chi contrario. I consiglieri della Repubblica, intimoriti dalle sue possibili vendette, non sarebbero così stati più liberi dei loro voti. Ma sant'Antonino scomunicò coloro che avessero accettato quel sistema. Quanto avrebbe fatto comodo un personaggio del genere nella stesura del regolamento di Camera e Senato!

San Marco è il convento preferito di Cosimo, e per qualcuno è la sua penitenza. Si dice che il papa lo inviti (obblighi?) a investire almeno diecimila fiorini d'oro nell'abbellimento della struttura dei domenicani. Pare che d'improvviso il banchiere si accorga d'«aver del denaro di non buon acquisto» e ingaggia per il restauro Michelozzo che ormai sembra uno di famiglia. Ma soprattutto commissiona le opere d'arte visiva a un frate, Giovanni da Fiesole, detto il Beato Angelico. Opere d'arte commoventi, frutto di un sentimento religioso forte, se è vero quel che racconta Vasari di lui: «Non fece mai Crocifisso, che e' non si bagnasse le gote di lagrime». I soldi di Cosimo, dunque, finivano per produrre emozioni, arte, cultura: quanta differenza dalla finanza odierna...

Da San Marco raggiungere piazza Santissima Annunziata per la terza tappa richiede non più di tre minuti e mezzo a piedi. È davvero impressionante notare la densità quasi soffocante della bellezza a Firenze. È una bellezza difficile da curare e infatti la piazza combatte quotidianamente contro il degrado. E su questo, lo riconosco, non abbiamo fatto abbastanza. Ma è una bellezza straripante, composta da tre elementi: la piazza perfetta voluta da Leon Battista Alberti, la chiesa simbolo della dedizione dei fiorentini alla Madonna, l'Istituto degli Innocenti. Il primo orfanotrofio al mondo, ricavato dal vicino Ospedale di Santa Maria Nuova per dare un futuro ai bambini figli di relazioni clandestine o di famiglie troppo povere. La prima bambina accolta dalla «ruota» si chiamava Agata Smeralda e proprio in suo nome oggi la principale associazione di volontariato del settore lavora con le adozioni a distanza in tutto il mondo: circa diecimila bambini. Della serie, cambiano i bisogni ma la solidarietà resta nel dna di Firenze.

Ma chi ha voluto l'Istituto degli Innocenti? E soprattutto chi ha tirato fuori i soldi? Ancora una volta furono i *businessmen* dell'epoca che si incaricarono di fare significative donazioni all'Ospedale di Santa Maria Nuova finalizzandole a questo progetto. Tra i più generosi, c'era quel Francesco Datini che potremmo definire il primo finanziere: fu lui a inventare la cambiale, consentendo alle realtà commerciali di fare ricorso al credito con maggiore semplicità. Altro che derivati e dintorni. Eppure oggi non è così. Si pensi semplicemente al petrolio in Italia: il costo della sua produzione è più o meno un decimo di ciò che paghiamo per la benzina. Il resto è soprattutto speculazione finanziaria. E un fenomeno simile sta crescendo persino nei prodotti di prima necessità, come il pane. Incredibile che in tanti Paesi del mondo non ci si possa permettere di mangiare il pane mentre in altri, per rispettare le quote di mercato dei prodotti finanziari, si bruci il grano. Dobbiamo dire che il prezzo di un prodotto della terra – che sia grano, latte, petrolio, riso o altro – si ricava dal rapporto tra la quantità prodotta e l'effettivo consumo, un banale incrocio domanda-offerta e non in base a un derivato che ne fa salire le quotazioni fino a cento volte il valore di produzione. Preferirei che il valore aggiunto della coltivazione o dell'escavazione andasse in mano agli agricoltori o ai minatori e non a una qualunque banca d'affari i cui giovani manager non sanno neppure l'origine di quel prodotto. Le banche nate per agevolare l'impresa rischiano di diventarne il principale nemico. Occorre rivoluzionare le regole del gioco se vogliamo evitare altri tipi di rivoluzioni. E prendere spunto dai fiorentini di allora potrebbe essere saggio: Datini pone la finanza al servizio dell'economia reale e non viceversa. Una volta di più il denaro – tanto – serve per qualcosa di utile e di bello per la città. E provvede a bambini sconosciuti, gli ultimi, i figli di nessuno. È una logica molto americana, potrebbe dire qualcuno. Ma da queste parti si è sempre fatto così fino alla crisi del XX secolo. Hai ottenuto grandi risultati? Bene. Sarà per te naturale finanziare l'università dove sei cresciuto, dove sei maturato, dove hai imparato.

Restituire in varie forme, artistica, sociale, culturale alla città che ti ha visto prosperare, alla città che è stata la tua socia. Ha una logica stringente, non c'è che dire. Siamo noi che ci stupiamo. Ma sbagliamo. Perché anche noi, nel Rinascimento, facevamo così. L'idea di tenere i soldi chiusi a doppia mandata perché i tuoi figli o i tuoi nipoti te li sperperino con calma in una vita da viziati è molto recente. Ma purtroppo molto diffusa nel nostro Paese.

7
I frati e lo stato sociale

Torniamo per un attimo al Duecento. I fiorentini sono bravi, operosi. Anche parecchio furbi, certo, forse troppo. Ma tutto sommato stanno facendo un buon lavoro. E soprattutto stanno facendo soldi a palate, questa è la verità. La ricchezza richiama a Firenze tanta gente. Molti lasciano le campagne, attirati dalla prosperità della città, ma spesso sono poveri. Si stabiliscono nelle periferie di allora, che oggi sono zone centralissime, ma che all'epoca erano a ridosso delle mura. Alla frontiera tra accoglienza e rifiuto. Perché i ricchi da sempre ghettizzano i poveri ai margini.

Chi prova a dare una risposta ai nuovi cittadini? Le istituzioni non sono ancora in grado di immaginare un welfare degno di questo nome. E allora arrivano gli ordini mendicanti. Finalmente qualcuno nella Chiesa capisce che non basta stare nei monasteri: la città diventa sempre di più il luogo dell'incontro, il luogo della vita. Mentre a Roma le alte sfere della gerarchia scrivono la pagina più brutta nella storia ecclesiastica, gli ordini mendicanti si tuffano nella realtà, fianco a fianco dei più deboli, dei più poveri. I francescani fondano Santa Croce, i domenicani Santa Maria Novella, gli agostiniani Santo Spirito, i carmelitani il Carmine. Di San Marco e della Santissima Annunziata abbiamo già detto. È anche il loro arrivo in città a consentire a Firenze di crescere e svilupparsi così rapidamente.

È il periodo in cui nasce la Misericordia. Fu costruita intorno al 1240 da un domenicano, Pietro da Verona. La sua fama di gran predicatore e uomo capace di miracoli era diffusa da tempo. Tanto è vero che con il tradizionale sarcasmo gigliato, quando si sparse la voce del suo arrivo, per di più in un momento di grave crisi economica, la cronaca di fra' Salimbene annota un commento allarmato dei fiorentini: «Per carità, fermatelo! Quello resuscita i morti e qui nemmeno i vivi hanno di che mangiare».

I fratelli della Misericordia girano a capo coperto per tutta la città a portare aiuto e sostegno, non solo economico. Sono il primo nucleo di un associazionismo che sarà decisivo per Firenze. E potrebbe esserlo anche per il futuro del Paese.

Nella storia certi fenomeni si ripetono. Con delle differenze, ovviamente. Ma con alcune caratteristiche simili. Leggo, per dovere, molte ricerche sul futuro delle realtà urbane da qui al 2050: non c'è convegno internazionale che non metta al centro il grande tema dell'esplosione delle città. Non c'è statistica che non preveda una maestosa nuova urbanizzazione. Da qui ai prossimi trent'anni il numero degli individui che vivranno nelle metropoli sarà incredibile: quasi due su tre.

Suona per questo tanto più assurda la politica di penalizzazione dei comuni che ormai da qualche anno il governo sta portando avanti. Non è solo un fatto economico: la relazione 2011 della Corte dei Conti dimostra come le spese dei comuni siano diminuite di circa il due per cento a fronte di un aumento di spese delle altre istituzioni, iniziando dalle regioni e dai ministeri. Si tratta anche e soprattutto di un fatto di regole, a partire dal patto di stabilità interno – per gli amici, «patto di stupidità interno» – che impedisce ai comuni di spendere i denari che già hanno in cassa. Alla fine di dicembre 2011, secondo le stime dell'Associazione dei comuni italiani, l'Anci, nelle casse dei comuni giacevano oltre undici miliardi di euro. Soldi pronti per pagare lavori già realizzati dalle imprese. E che ha fatto il governo? Ha espropriato (l'esproprio tecnico non pare molto più raffinato di quello proletario) i denari per esigenze di cassa centrale, causando danni incommensurabili alle aziende. E ai loro lavoratori. Undici miliardi pronti, che le aziende italiane si sono sudati e guadagnati, fermi lì. Non si riduce un debito pubblico assurdo bloccando i pagamenti alle aziende e facendole saltare.

Il patto di stabilità interno è presente in tutti i Paesi europei con altre caratteristiche: in Italia il modo allucinante con cui è stato pensato ha prodotto il crollo della spesa per investimenti, scesa del venti per cento all'anno negli ultimi tre anni. Se avessi tra le mani il genio della lampada non chiederei per i comuni maggiori risorse, ma soprattutto maggiore libertà. Oggi le comunità locali sono strangolate da regole, regoline e regolucce che impongono di dedicare tanto tempo alle procedure anziché ai servizi. I budget limitati sono un problema, ma possono stimolare l'ingegno e la fantasia: l'attuale situazione normativa di un federalismo promesso a parole e tradito nei fatti frustra anche il più volenteroso degli amministratori. E non te lo puoi permettere perché i cittadini continuano a credere – nonostante tutto e nonostante tutti – nelle proprie istituzioni, nel proprio sindaco. Non c'è sondaggio che non sottolinei come l'amministrazione locale sia l'unica ancora credibile. Dunque ti senti in dovere di rispondere con entusiasmo e passione. Ma ti verrebbe voglia di rovesciare l'intero sistema amministrativo italiano, così macchinoso da sembrare falso.

Le mura del nostro tempo tuttavia non sono presidiate solo dai comuni ma anche dal ricco mondo del volontariato, dell'associazionismo, dell'impresa sociale. A Firenze ne sappiamo qualcosa: la mia è una delle città italiane con la più alta presenza di realtà associative o di volontariato.

Il ruolo di questi soggetti sociali è fondamentale. Dobbiamo passare, come Paese, da una cultura dell'assistenzialismo a una scommessa vera, forte, tenace sul terzo settore. Anche le associazioni devono fare un salto di qualità. Non si devono più accontentare di ricevere il plauso formale e il disinteresse sostanziale della politica. Devono mutare, trasformarsi, cambiare. E la politica non può far finta di nulla. Uno studio della Johns Hopkins University ha dimostrato come il non profit solo negli Stati Uniti impieghi oltre dieci milioni di persone e – dato ancora più interessante – nel decennio terribile per l'occupazione statunitense, quello dal 2000 al 2010, ha aumentato l'occupazione del 2,1 per cento contro la flessione del tasso di occupazione del profit di circa il sei per cento. Anche in Italia non si scherza. Ci sono tre milioni di italiani che si impegnano per gli altri nel volontariato, quindici milioni di cittadini che devolvono il cinque per mille e più di un milione di cittadini che fanno sostegno a distanza: sono numeri strepitosi, una base da cui partire. Non abbiamo bisogno di una *big society*, perché lo siamo già.

Sono numeri seri, non noccioline. E dimostrano, una volta di più, che non si tratta di un tema circoscritto al passato. Fate un viaggio con la mente. Arrivate alle nostre periferie, alle discussioni sulle *banlieues*, sui non luoghi del disagio urbano, come direbbero i sociologi. Pensate a tutto il tema della valorizzazione delle seconde generazioni di immigrati, ad esempio. L'identità troppo spesso è vista in contrasto con l'integrazione. Ma non è così: l'identità forte, quella radicata, agevola e presuppone un percorso di integrazione. Il contrario di integrazione non è identità: è disintegrazione. Città come New York sono passate nel giro di due generazioni dai cartelli nei bar: «Non si vende birra agli italiani» a eleggere un sindaco di nome Fiorello La Guardia, che dalle generalità non pare propriamente anglosassone. Potremmo pure noi italiani, molto più modestamente, uscire finalmente dalla logica dello *ius sanguinis* per abbracciare l'idea che chi nasce in Italia è italiano? Ed evitare così difficoltà pratiche e umiliazioni morali a tante bambine e bambini che frequentano le nostre scuole e parlano il dialetto come i nostri figli ma che sono respinti dall'anagrafe per colpa di una legge che ormai è più cattiva che antiquata.

Il grande tema dell'integrazione tocca anche la popolazione anziana, non solo i giovani. L'anziano oggi ha bisogno della città. Ma non dobbiamo farlo sentire l'oggetto destinatario di un servizio, piuttosto il soggetto protagonista di una stagione che non è finita. Firenze è una città anziana, tra le più anziane d'Italia. Ma è difficile definire anziano il settantenne che incontri in palestra e l'ottuagenario brillante e pieno di energia. Cambiano gli stili di vita, si allunga l'età media, cresce l'importanza dei nonni, veri e propri salvatori delle famiglie con figli. Del resto l'aspettativa di vita nell'ultimo secolo in Italia è raddoppiata, e ogni anno che passa ci porta almeno un trimestre in più. Mi fa ridere chi lo considera un problema. Meglio morire tutti prima?

A Firenze, quando l'età si fa sentire, si usa un'espressione secca: «E tu finisci a Montedomini!». Perché questo luogo vicino al Lungarno da secoli accoglie con cura i vecchi. Un edificio ricco di storia che è nel cuore dei fiorentini: può sembrare un piccolo particolare, ma fa pensare. Una volta l'anno una storica enoteca, insignita delle tre stelle Michelin, da sempre ai vertici del prestigio culinario mondiale, cucina per gli anziani della struttura: la cosa che più mi colpisce è che per intere settimane il personale del ristorante devolve le mance – che in un simile locale di gran lusso non devono essere poca cosa – direttamente al centro di Montedomini.

La civiltà di una terra, dunque, si esprime anche attraverso i luoghi deputati all'accoglienza. La bellezza non appartiene solo ai turisti e il bello non può essere riservato solo agli esperti. Se ci pensate vale persino per gli ospedali fiorentini, tutti intimamente collegati alla storia artistica e culturale della città. L'ospedale di Santa Maria Nuova è stato fondato dal padre della Beatrice dantesca, Folco Portinari. E nei sotterranei ci sono ancora le sale dove Leonardo da Vinci di notte studiava anatomia, e dove eseguiva vere e proprie autopsie, come lui stesso scrive in uno dei suoi quaderni: «E questo vecchio, di poche ore innanzi la sua morte, mi disse lui passare cento anni, e che non si sentiva alcun mancamento ne la persona, altro che debolezza. E così, standosi a sedere sopra uno letto nello spedale di Santa Maria Nova di Firenze, senza altro movimento o segno d'alcuno accidente, passò di questa vita. E io ne feci notomia, per vedere la causa di sì dolce morte».

Il complesso ospedaliero di Careggi si trova sull'omonima splendida collina, che come indica la stessa etimologia del nome, *campus regi*, era di proprietà dei Medici e sede della storica Villa Medicea di Careggi dove Marsilio Ficino fondò l'Accademia neoplatonica fiorentina. Era la residenza preferita di Lorenzo il Magnifico. Gli ordini religiosi, che costruiscono chiese e realizzano opere, si basano sul principio che in questa città la misericordia può essere accompagnata solo dalla bellezza. Quando il governo italiano, qualche mese fa, ha chiesto ad alcune amministrazioni di farsi carico dei profughi sbarcati a Lampedusa a seguito dei violenti scontri in corso nei Paesi del Mediterraneo, noi abbiamo raccolto l'invito. Ma non abbiamo creato ghetti, non abbiamo scelto luoghi nascosti. Non abbiamo voluto mandarli in caserme abbandonate: li abbiamo accolti in posti ricchi di dignità, senza creare alcun allarme sociale.

Credo sia importante mantenere vivo il rapporto tra accoglienza e decoro. Mi piace sapere che tutte le sere – quando sto andando a letto – all'incirca mille persone, che altrimenti starebbero per strada, trovino riparo in un luogo bello e confortevole. Non siamo bravi noi come amministrazione. Sono bravi i volontari e i professionisti dell'associazionismo che noi ci limitiamo a coordinare. Quasi sempre conosciamo le storie dei profughi, talvolta drammatiche, altre semplicemente sfortunate. Cosa ne sanno invece le agenzie di rating del dolore di un rifugiato politico cui Firenze offre il corso di italiano e un posto letto non in un casermone della periferia ma in un luogo bello, perché con i pellegrini della sofferenza si fa così. Ci hanno insegnato a fare così. E non cambieremo certo perché ci abbassano la credibilità quegli stessi signori che davano a Lehman Brothers la tripla A tre mesi prima del loro fallimento.

E che si tratti di una donna sola con un bimbo, un rifugiato politico, un padre separato in crisi economica, un ex detenuto, un minore abbandonato, qui proviamo a offrire un'opportunità. Chiediamo solo una cosa: la disponibilità a stare nelle regole. Troppo spesso la sinistra buonista confonde l'accoglienza con il disprezzo delle regole. Senza capire che non c'è accoglienza se non c'è rispetto, innanzitutto di se stessi e delle persone che ci circondano. È per questo motivo che stiamo faticosamente cercando di liberare gli spazi occupati in modo abusivo, anche a costo di manifestazioni, insulti, accuse. Essere di sinistra – per me – non significa occupare uno spazio che potrebbe diventare un asilo o essere venduto per liberare risorse sul sociale, ma costruire comunità solide e solidali rispettando la legalità. Sempre!

Tutte le volte che c'è uno sgombero, le donne e gli uomini della polizia municipale subiscono dure accuse da parte di una certa sinistra o presunta tale. Quando va bene si prendono dei «fascisti». Perché riportare la legalità non paga in termini elettorali o di consenso. E non è facile capire con quanta cura, con quanta umanità, con quanta passione per la dignità dell'altro agiscano i difensori dell'ordine. Ma c'è sempre qualche teorico delle *okkupazioni* con due k(appa), qualche nostalgico in ritardo con la storia, che urla e sbraita. Vorrei mostrare le foto di alcuni interventi, vorrei sentire cosa pensa una persona civile quando sa che un bimbo di cinque anni vive in strutture dove basta mettere il dito in un allaccio della corrente per morire fulminato, vorrei che qualcuno trovasse il coraggio di attaccarmi, guardando le foto di quello stesso bambino che dorme accanto a topi morti. È spazio pubblico quello che è di tutti. Non quello che qualcuno si prende per i fatti propri. E se ci sono – come effettivamente ci sono – situazioni di emergenza, si affrontano con regole condivise, non con la legge del più forte. O del più furbo.

Essere buoni non è facile, essere buonisti facilissimo. Ma il buonismo esasperato di una certa sinistra, passata in fretta dalle occupazioni dei centri sociali alle occupazioni dei salotti cittadini – una sinistra che mi fa venire l'orticaria, lo ammetto –, è un atteggiamento sbagliato politicamente e pericoloso socialmente. Sbagliato perché imposta la sfida dell'accoglienza non sul terreno della legalità ma su quello dell'ideologia. Pericoloso perché alimenta tensioni opposte che facilmente sfociano in ingiustificabili reazioni razziste. Ma quella sinistra non si preoccupa di questo: non le interessa vincere e governare. Bensì avere un nemico quotidiano contro cui sfogarsi, tutto qui.

Sono un liberale convinto. Penso che se vogliamo rimettere in moto la società dobbiamo tagliare lacci e laccioli, dare più opportunità a tutti. Ma adesso che la sfida liberale è raccolta anche dalla sinistra – e il sostegno al governo Monti sta lì a dimostrarlo – c'è bisogno di un passaggio in più. Bisogna avere il coraggio di dire che in Italia è più forte che altrove il tema della giustizia sociale. O meglio, dell'ingiustizia sociale. In questo campo abbiamo superato il livello di guardia e questo è il campo in cui si gioca la sfida del presente. Non è un caso se una parte significativa di chi non ha un patrimonio vive a rischio povertà, con tutte le inevitabili conseguenze sull'educazione dei propri figli, anche in termini di risultati scolastici (in Italia solo il dieci per cento dei giovani con genitori non diplomati riesce a laurearsi, mentre la stessa percentuale sale al quaranta per cento in Inghilterra e al trentacinque per cento in Francia).

Il rapporto Ocse *Divided We Stand: Why Inequality Keeps Rising*, pubblicato alla fine del 2011, dimostra come la diseguaglianza dei redditi si sia impennata nell'Italia degli ultimi vent'anni. In più, le famiglie italiane hanno visto calare la quota dei redditi da lavoro: ci stiamo mangiando il patrimonio per continuare a vivere con decenza. Non è solo un problema legato all'avvento dell'euro, dove l'equivalenza nei fatti con le vecchie mille lire ha visto indebolire il potere d'acquisto delle famiglie in modo deciso: perché guadagnare oggi mille euro vuol dire essere al limite, mentre fino a dieci anni fa due milioni di lire erano più che sufficienti per tirare avanti. È proprio un sistema di retribuzione che non funziona più. È palese nelle paghe dei supermanager pubblici. A Firenze, nelle aziende pubbliche, vige la regola olivettiana secondo la quale nessun dirigente può prendere più di dieci volte del lavoratore con la qualifica più bassa. A quanto mi risulta non è così in tutte le altre città.

Per vincere la sfida di una maggiore giustizia sociale possono tornarci in aiuto ancora i fiorentini che vivevano sulla frontiera, quelli che giravano attorno alle mura. Perché c'è un momento preciso in cui la vita di questa città svolta e consente di vincere la partita dell'integrazione, dell'accoglienza, della giustizia sociale. È il momento in cui Firenze decide di mandare i propri figli a scuola. Può sembrare banale, ma la più grande misura di sostegno allo sviluppo di una città non è un incentivo o un particolare elenco di contributi. È l'educazione, il volano più serio che ci sia.

Le città di oggi sono prive di mura, ma conservano tante frontiere al loro interno. Nell'educazione il nostro tempo si gioca la faccia nelle delicate questioni dell'integrazione, dell'accoglienza, della giustizia sociale, dell'educazione.

Avremmo bisogno di gesti simbolici, da subito. Anche ridando ruolo e considerazione alla figura del professore. Non è solo un problema di stipendio. Mi piacerebbe introdurre nelle scuole una rivoluzione, un grande patto con i docenti: aumentare immediatamente lo stipendio di trecento euro a testa. Ma in cambio possiamo licenziare il cinque per cento dei professori italiani, quelli che portano in classe la propria pigrizia, la propria rassegnazione, la propria noia. Già immagino le reazioni dei sindacati a una simile proposta... Ma è innanzitutto un problema culturale.

Quando una classe dirigente vuole cambiare un Paese parte di lì. Comincia dalla scuola, come ha fatto attraverso il programma «Sure Start» il New Labour di Tony Blair – mai sufficientemente rimpianto da una sinistra europea che dopo di lui ha messo insieme solo sconfitte. O come dimostrano gli studi del team del Premio Nobel americano per l'Economia James Heckman che si è concentrato sul rapporto tra giustizia sociale e apprendimento nei primi anni di vita.

Dante Alighieri, per citare uno a caso, può diventare il Sommo Poeta perché la Compagnia dei Laudesi lo fa studiare: lo riconosce valido, capace, gli dà i mezzi per andare a scuola. Allora il sistema delle borse di studio, infatti, premiava il merito davvero. E i Laudesi trovano naturale finanziare a Dante – come a centinaia di altri ragazzi fiorentini – la possibilità di studiare, come trovano naturale sponsorizzare la *Madonna Rucellai*, capolavoro oggi in Santa Maria Novella: sono due facce della stessa medaglia.

Vale anche per noi. I professionisti della ricerca del voto elettorale rischiano di mettere in secondo piano il vuoto esistenziale dei nostri ragazzi. Ed etichettarli sempre e solo come un problema. Dobbiamo ripartire dall'educazione, dagli asili nido fino all'università. La smettessero con gli incentivi a pioggia che finiscono spesso nelle tasche dei soliti noti e arricchiscono gli stessi consulenti, sempre loro. Il più grande incentivo che una comunità può permettersi è richiamarti alla tua identità, alla tua vocazione, al tuo talento.

8
Amerigo Vespucci e la fuga dei cervelli

«Ammirare l'Arno è un passatempo popolare. Si tratta di un famoso torrente storico dalla profondità di un metro e mezzo su cui circola qualche chiatta. Sarebbe un fiume molto utile se ci pompassero dentro un po' d'acqua. Tutti lo definiscono fiume e credono onestamente che di fiume si tratti, questi fiorentini foschi e dannati. Addirittura rafforzano quell'errata convinzione costruendovi sopra dei ponti.»

Così si esprimeva Mark Twain, il grande scrittore americano, autore di *Tom Sawyer*. Certo, a uno abituato al Mississippi, l'Arno non doveva fare una grande impressione. Né i fiorentini dovevano stargli molto simpatici, a leggere quel «foschi e dannati». Immagino cosa gli avrebbe potuto rispondere un artigiano dell'Oltrarno: «Bellino te, nanni!».

Ma Twain non poteva sapere quanto l'Arno sia legato alla storia di Firenze, al punto che la città si divide in due zone: un ingegnoso sforzo di fantasia le ha ribattezzate «diquaddarno» e «diladdarno».

Mi fanno spesso notare che sono il primo sindaco nato dopo l'alluvione del 1966: quella frattura è ancora forte tra i cittadini, ancora incisa nella carne viva della città. Per il resto d'Italia il 4 novembre è noto come il giorno della vittoria, ma a Firenze non ha portato grossa fortuna. È la data dell'alluvione del 1966, ma anche – pensate un po' – di quella ancora più devastante del 1333. Quella del Dopoguerra è stata una disgrazia terribile, ma anche un momento di rilevanza storica: la prima tragedia globale dell'era dei media, che si fanno promotori di una massiccia campagna per salvare Firenze. Ed è così che nasce in Italia la protezione civile, con i volontari, gli angeli del fango. Giovanissimi e meno giovani che si immergono nella melma della città storica per salvare opere d'arte, che sarebbero andate altrimenti distrutte, e aiutare i cittadini nell'emergenza. So che adesso la protezione civile non va più di moda. Dopo le vicissitudini giudiziarie del suo ex capo, non è più *trendy*. Più facile parlarne male che bene. O, meglio ancora, non parlarne proprio. Ma a me non interessa il conformismo mediatico per cui un giorno sei un eroe, quello dopo un mascalzone. Io conosco i volontari, la loro passione. Per me sono un orgoglio dell'Italia. Io credo ai tre milioni di italiani con gli stivali: persone che non sanno nulla né della cricca né di Appaltopoli, ma che con il loro impegno quotidiano rendono questo Paese un po' meno incivile. E a loro chi fa politica – ma anche chi pontifica da dietro un desk di redazione – dovrebbe solo dire grazie, senza rovesciargli addosso la banalità delle proprie frasi.

A distanza di quasi mezzo secolo da quel tragico evento c'è ancora molto da fare, in termini di sicurezza. Mi riferisco per esempio a quanto sua maestà la burocrazia abbia rallentato in modo vergognoso i tempi di realizzazione delle casse d'espansione (che si riempiono in caso di rottura dell'argine) in costruzione a monte della città.

Ma il pensiero più insistente per me quando guardo l'Arno è un altro: com'è possibile che Firenze, priva di sbocco sul mare e con quel misero fiume (almeno a sentire Twain), abbia prodotto grandi navigatori? Solo perché giravano tanti soldi e conoscenze scientifiche innovative? Temo che un simile giudizio sia troppo riduttivo.

Io mi sono dato un'altra risposta. Firenze naviga perché il pensiero filosofico e culturale della città impone il rischio. È la stessa logica che sta alla base della cupola del Duomo, della costruzione delle basiliche, delle sfide tra i grandi pittori a portare in acqua generazioni di fiorentini desiderosi di spostare anche solo un po' più in là il concetto del limite. «L'uomo può ciò che vuole» scriveva Leon Battista Alberti, in una frase citata anche da Steve Jobs mentre si accingeva a rivoluzionare il mondo presentando l'iPhone. E l'Umanesimo costituisce l'*humus* culturale per cui Firenze diventa un porto di mare, nel senso positivo del termine: una sponda da cui partire e un attracco sicuro per tornare. E per raccontare, seminando curiosità, come fa l'esploratore fiorentino Francesco Carletti, il primo viaggiatore privato a circumnavigare il globo terrestre, a cavallo tra Cinquecento e Seicento. E soprattutto il primo a narrare la sua avventura in dodici libri, dedicati al granduca Ferdinando I che aveva sponsorizzato il suo viaggio.

Oltre a lui ovviamente mi vengono in mente i grandi navigatori del passato, coloro che affrontano l'ignoto per curiosità, per una missione o per business. Quelli che si sono diretti verso ovest, da Amerigo Vespucci, di cui parleremo tra poco, a Giovanni da Verrazzano, il primo a esplorare quella che diventerà la baia di New York. E coloro che invece hanno puntato l'est come Giovanni de' Marignolli, il frate francescano inviato dal papa a incontrare l'imperatore a Pechino, fino agli sconosciuti commercianti fiorentini che hanno battuto la Via della seta, creando un collegamento intensissimo che dura ancora oggi. È notizia di poco tempo fa il successo, in Cina, nel cuore della megalopoli di Wuqing, di un enorme outlet (sessantamila metri quadri di finti capolavori rinascimentali) che si chiama Florentia Village. Prima ci mandavamo i nostri mercanti, oggi i nostri brand...

Il punto è che questa città ha un rapporto decisamente strambo con il resto del mondo. Girando per il globo spuntano come funghi storie intrecciate a Firenze. Sono centinaia i fiorentini che andando all'estero hanno avuto un ruolo importante, si sono fatti rispettare. Pochi conoscono, ad esempio, la storia del fiorentino Filippo Mazzei che si insediò in Virginia con quaranta artigiani e contadini. Solo di recente è stato riconosciuto dagli storici come uno degli ispiratori della Dichiarazione d'Indipendenza americana, intimo amico di George Washington e soprattutto di Thomas Jefferson, che influenzò nella stesura della Costituzione americana – sarebbe sua la frase: «Tutti gli uomini sono per natura liberi e indipendenti». Tra le cose che

Mazzei porta con sé, si dice ci sia anche lo stendardo di Ugo di Toscana, ancora oggi visibile nella Badia Fiorentina. Si tratta di uno scudo con strisce verticali bianche e rosse. La leggenda vuole che con quello scudo, girato in orizzontale anziché in verticale, Mazzei abbia fornito ai suoi amici americani lo spunto per realizzare la bandiera più famosa del mondo. Le strisce bianche e rosse sono impreziosite dalle stelle bianche in campo azzurro, ciascuna per ogni Stato. Difficile capire quanto ci sia di vero e quanto di ricamato in queste storie: del resto, se andate in Santa Croce e guardate la Statua della Libertà della Poesia di Pio Fedi troverete profonde somiglianze con la Statua della Libertà di New York.

Sembra la solita solfa del fiorentino orgoglioso e spazientito: hai visto, ci hanno copiato anche questa! Ma che siano o meno leggende metropolitane, è vero che la vita di Firenze è stata profondamente cambiata dalla presenza di tanti stranieri, specie nel settore culturale: per la consapevolezza di Firenze, quelli che l'Elettrice Palatina chiamava i forestieri si sono rivelati semplicemente decisivi. Come e forse più dei fiorentini, paradosso dei paradossi. Proprio nel momento in cui l'Italia è considerata da Metternich appena un'espressione geografica, Firenze acquisisce il rango di capitale culturale. Si perde la rilevanza politico-strategica, ma si acquista quella più importante di città ispiratrice di bellezza. Questo può essere valido anche oggi. L'Italia, che non è più la frontiera della cortina di ferro, conta sempre meno. Ma può recuperare un ruolo se scarta di lato e si intesta la battaglia culturale, proponendosi come scrigno di bellezza per il mondo. E in questo non dovrebbe aver paura degli investimenti stranieri. Specie di quelli culturali.

Pensate all'importanza che hanno avuto per la storia della città stranieri come lo svizzero Giovan Pietro Vieusseux, o gli inglesi Frederick Stibbert e Harold Acton. Il primo fu il fondatore nel 1820 del famoso gabinetto Vieusseux, fondamentale punto di incontro per molti intellettuali dell'epoca. Stibbert ci ha lasciato il museo omonimo, una delle più importanti collezioni di armi e armature antiche al mondo; Acton la sua residenza, Villa La Pietra, donata all'Università di New York, che oggi vi tiene un campus. O ancora la famiglia russa dei Demidoff, ricchissimi industriali, che avevano scelto Firenze come patria d'elezione, e comprarono quella che era stata la *garçonnière* privata di Francesco I e Bianca Cappello. A Villa Demidoff si conduceva uno stile di vita principesco che suonava come una sfida alla nobiltà toscana dell'Ottocento, ma che al contempo influenzò profondamente la vita culturale cittadina, attraverso numerose committenze artistiche ma anche opere umanitarie e filantropiche.

Dunque – direbbero i tecnici – una corrispondenza biunivoca: i fiorentini scrivono pagine di storia quando emigrano, i forestieri aiutano a costruire l'identità di Firenze. Uno scambio di conoscenze, di esperienze, di emozioni che prosegue da sempre e che porta oggi la città a sfidare ogni giorno la propria naturale tendenza all'autoreferenzialità e al provincialismo. Del resto, è ciò che ci chiede il mondo globale. Quando ascolto il politico di turno che, nella consueta banale trasmissione, lamenta con fare preoccupato e faccia contrita la fuga dei cervelli mi viene voglia di urlare. So di essere controcorrente. Non dobbiamo lamentarci mai della fuga dei cervelli: un Paese non decade quando un cervello se ne va. Perché questo è fisiologico e forse persino giusto. Un Paese decade quando nessun cervello decide di venire. O di tornare. Questo è il nodo. E noi – come Paese – facciamo di tutto per rendere difficile la presenza di cervelli stranieri da noi: guardate soltanto alle università, a quanta poca disponibilità c'è nel reclutare personalità da fuori. O, più banalmente, immaginate la trafila burocratica che deve dipanare uno studente straniero presso i consolati italiani all'estero quando decide di investire parte della propria formazione presso un nostro istituto: ancora una volta il primo blocco all'entrata è la burocrazia.

Sarebbe fondamentale avere la capacità di attrarre studiosi dall'estero. Mi viene in mente il Concilio che si tenne a Firenze a metà del Quattrocento, trasferito da Ferrara su pressione di Cosimo il Vecchio. Il capostipite dei Medici presiedette alla riunificazione fra la Chiesa latina, rappresentata da papa Eugenio IV, e quella bizantina, rappresentata dall'imperatore Giovanni VIII Paleologo e dal patriarca Giuseppe, che poi morì e fu sepolto in Santa Maria Novella. La riunificazione a dire il vero non durò a lungo e, al ritorno a Costantinopoli della delegazione bizantina, due terzi dei vescovi e dignitari firmatari ritrattarono l'accordo. Fu però l'occasione per avere in città una nutrita schiera di studiosi orientali, dotti e teologi, tra i quali spiccavano Basilio Bessarione, Isidoro di Kiev, Giorgio Gemisto Pletone.

L'esotico corteo dei dignitari stranieri ebbe un notevole impatto sugli artisti della città, tra cui Piero della Francesca e Filarete. Addirittura alcuni storici dell'arte considerano il passaggio della cultura neoplatonica bizantina in Occidente come uno dei motori del Rinascimento italiano. Certo è che il Concilio consacrò l'importanza di Firenze a livello europeo e fu dunque uno dei rari esempi di marketing congressuale vincente.

Io credo che i grandi eventi servano sempre, per una città e per un Paese. Possono costituire un rischio per le casse dello Stato, perché pur di proiettare un'immagine di ricchezza non si bada a spese, come è successo con le Olimpiadi in Cina, oppure perché nel grande giro di denaro che queste occasioni creano si intromettono affari illeciti. Ma questi rischi non possono essere la scusa per non provarci nemmeno. Ho rispettato come tutti il no del governo alle Olimpiadi, ma non vorrei che suonasse come una rinuncia ai sogni. Un grande Paese deve essere in grado di ospitare grandi eventi dando al contempo prova di serietà nella loro gestione.

Per Firenze il Concilio è stato una grande occasione. Da quel momento in poi, la città ha conservato una vocazione europea, tanto che oggi l'unica istituzione accademica supportata dall'Unione Europea, l'Istituto universitario europeo, si trova proprio a Firenze. Con questo istituto organizziamo ogni anno il Festival dell'Europa, che a mio parere è un evento fondamentale per riflettere sulle istituzioni internazionali. Sempre più spesso sentiamo ripetere – ai commentatori, ai giornalisti, purtroppo anche ai politici – che si prendono alcuni provvedimenti perché «ce lo chiede l'Europa». Ma il dibattito non si può limitare alle occasioni in cui Bruxelles impone dei tagli. Noi cosa possiamo e dobbiamo chiedere all'Europa? Non può essere solo un'entità amministrativa o finanziaria, ma deve accompagnarci nella nostra vita quotidiana, parlare al cuore delle persone. Diventare una comunità di popoli. Mi viene in mente una bellissima frase di Gobetti: «Bisogna amare l'Italia con orgoglio di europei». Per questo credo che la strada giusta sarebbe quella di introdurre una cittadinanza europea e permettere ai cittadini di votare un presidente europeo.

Le istituzioni sovranazionali sono importantissime, non possono essere un covo di burocrati, o peggio ancora di vigliacchi: mi ricordo del mercato di Sarajevo, mi ricordo del massacro e della mattanza. Mi ricordo soprattutto di Srebrenica, di quella vergogna gigantesca che vide le Nazioni Unite complici del genocidio e la comunità internazionale silente davanti agli stupri e alle fosse comuni. Mi ricordo e non ho voglia di dimenticare. Per cui quando è arrivata la notizia che il generale Ratko Mladić era stato arrestato, lo confesso, ho gioito. E quando ho sentito che un europarlamentare di nome Mario Borghezio ha definito Mladić un patriota, bene io rivendico il dovere di affermare che quell'europarlamentare è una vergogna per l'Italia. È una vergogna persino per la Lega, che nonostante tutto non merita gente così.

Ma torniamo da dove abbiamo iniziato, dalle imprese dei grandi navigatori. Quanto è dolce l'ansia del partire, del ripartire, del non accontentarsi. Recuperare il senso profondo del desiderio più intenso. Non sono solo frasi altisonanti. Io ammiro profondamente lo spirito del navigatore, anche oggi. Non ci sono caravelle, non ci sono bussole, non ci sono nuovi mondi. Ma il bisogno di rimettersi in gioco, sempre. Penso, tra i tanti personaggi straordinari che ho avuto la fortuna di incontrare, a uno sportivo. L'allenatore del Barcellona, Pep Guardiola. Uno che ha vinto tutto e ha costruito una squadra impressionante, capace di giocare un calcio tra i migliori della storia. Guardiola viene spesso a Firenze, perché innamorato di questa terra. E una volta, a pranzo, mi disse: «Per il tuo lavoro devi rischiare tutto ogni giorno, ma anche per me è fondamentale. Non voglio contratti pluriennali: dipendesse da me rinnoverei il contratto ogni sei mesi per far capire ai giocatori che il primo che rischia tutto è il loro allenatore». Che spettacolo! In un mondo dove tutti chiedono il rinnovo per anni e anni, dove tutti vivono alla disperata ricerca di garanzie su garanzie, lui che in virtù dei suoi successi potrebbe chiedere qualunque cosa si rimette in gioco. Qualcuno penserà: lui lo può fare perché è Guardiola. Mi piace pensare: è diventato Guardiola perché l'ha sempre pensata così.

Gli ho consegnato le chiavi della città per questo motivo, non perché ha vinto la Champions League. L'ho fatto quasi di nascosto, io, lui, qualche amico e i nostri figli che scorrazzavano nella Sala di Clemente a Palazzo Vecchio. Non volevo fosse l'ennesima comparsata tv con la stampa pronta a scattare un flash e al contempo a criticare il politico che lucrava visibilità. Era la cosa giusta da fare, perché Guardiola ha lo stesso spirito di chi cinque secoli fa, facendosi guidare dalla nostalgia di cose non viste, rispondeva alla domanda di senso mettendosi in viaggio verso terre lontane.

Navigare allora, invece, era un'impresa reale. Richiedeva tempo, coraggio, soldi. E anche una preparazione concreta, specifica, e Firenze era in quel periodo teatro di vivacissime discussioni geografiche e cosmografiche. L'animatore di queste discussioni era Paolo dal Pozzo Toscanelli, una figura straordinaria di geometra, matematico, filosofo, medico, astronomo, astrologo. La passione per la geografia aveva un immediato interesse pratico, e cioè l'individuazione della famosa rotta per l'Asia, passando da ovest. Paolo dal Pozzo Toscanelli nel giugno 1474 inviò al re di Portogallo una lettera famosissima: «Rimetto a Sua Maestà una carta fatta con le mie mani, nella quale si trovano disegnati i vostri lidi, e le isole dalle quali il viaggio si dovrebbe cominciare, sempre verso Occidente, e i luoghi ai quali si dovrebbe giungere, e quanto si dovrebbe declinare dal polo, e dalla linea equatoriale, e quanto spazio, ossia quante miglia converrebbe percorrere per giungere ai luoghi fertilissimi d'ogni specie di aromi e di gemme». Difficile dire se davvero per Cristoforo Colombo questa missiva sia stata l'elemento decisivo per il successo del proprio viaggio, ma di sicuro si può sostenere che anche nel campo geografico Firenze era all'avanguardia.

Certo, tutto ciò comportava dei rischi, delle insidie, delle difficoltà. Era il gusto di sfidare la monotonia, il desiderio di dare un nome nuovo a cose presenti da sempre: qui sta il senso più bello della vicenda di Amerigo Vespucci.

Di lui sappiamo poco. Non ne conosciamo il volto, anche se, racconta Vasari, Ghirlandaio l'avrebbe rappresentato in un affresco della chiesa di Ognissanti, e forse Leonardo lo ritrasse in un disegno al carboncino. Sappiamo però che la sua famiglia era molto legata ai Medici. Pure troppo, commenterebbero i maligni.

Sì, perché un suo cugino, Marco Vespucci, nel 1468 aveva sposato Simonetta Cattaneo, che proveniva da una grande famiglia ligure, ed era stata educata alle arti del Trivio e del Quadrivio. Era considerata una delle donne più belle del Rinascimento, tant'è che Botticelli la userà come modella per la *Venere*. Si racconta che per lei avesse perso la testa Giuliano de' Medici, fratello minore di Lorenzo, e che con lui Simonetta (sempre secondo i maligni) intrattenesse qualcosa di più di una tenera amicizia. Tanto che il padre di Marco, che evidentemente non aveva mandato giù quell'offesa contro l'onore del figlio, prese parte nel 1478 alla congiura dei Pazzi, in cui Giuliano venne ucciso e Lorenzo si salvò per un soffio, solo grazie ad Agnolo Poliziano che gli aprì la porta della sacrestia in cui trovò rifugio.

A parte queste vicende famigliari, di sicuro si sa che, nel settembre 1494, Amerigo era a Siviglia e da lì si occupò della seconda spedizione di Colombo: una grande flotta di diciassette navi e milleduecento uomini, salpata da Cadice. Comprese che quello era il suo momento, atteso da tanti anni. Presto, nel 1497, sarebbe partito anche lui per le terre appena scoperte. La fatica di quel viaggio la troviamo nella lettera che indirizza a Pier Soderini, gonfaloniere di giustizia a Firenze: «Ciò che noi abbiamo sopportato davvero in questa immensità del mare, i rischi di naufragio, le sofferenze fisiche innumerevoli, le angosce permanenti che afflissero le nostre anime, tutto ciò lo lascio alla comprensione di quanti hanno avuto esperienza di queste cose e che conoscono cosa significa la ricerca di ciò che è incerto e addirittura sconosciuto... Fummo preda di una così grande paura che avevamo perso quasi ogni speranza di sopravvivere. Nel mezzo di queste tempeste così terribili, del mare e del cielo, piacque all'Altissimo mostrarci il continente, nuova terra e un mondo incognito».

Il navigatore osa, rischia. Forse non elude la morte, ma navigando non elude la vita. Forse Vespucci non è il navigatore più coraggioso del mondo. Ma l'abilità o la sorte gli consentono di dare il nome al futuro, all'America. L'affascinante America si chiama con il nome di uno nato a Peretola. Che, scritta così, continua a far morire dal ridere tutti i fiorentini, oltre a far crepare di invidia quelli di Brozzi e Quaracchi, i borghi limitrofi. Quando sono andato alla scuola elementare di quella zona della città ho chiesto se conoscessero la storia di Vespucci. E una bambina mi ha spiegato che sì, conosceva questo signor Amerigo. E perché si chiamava così? «Perché era tornato dall'America» mi risponde pronta. Difficile convincerla del contrario. Difficile spiegare che tra i cinque continenti, uno solo si chiama con il nome di battesimo di una persona. E il fatto che quella persona abbia attraversato l'oceano partendo dall'Arno rende la sua impresa ancora più eroica.

9
Pinocchio e la mezza caccia

Siamo nel febbraio 1530. Firenze è sotto assedio da mesi. Le truppe di Carlo V circondano la città: sono più numerose, meglio armate, più abituate a combattere. I fiorentini provano a difendersi con grande orgoglio, richiamando tutti all'opera; persino Michelangelo organizza alcune fortificazioni. Ma la resistenza pare impresa impossibile. La città sta per capitolare. E mentre gli archibugi nemici continuano a colpire, che combinano i fiorentini? Organizzano una partita di calcio. Nasce allora quello che oggi si chiama calcio storico o calcio in costume, rievocato ogni anno in piazza Santa Croce per la festa del patrono. Ventisette contro ventisette combattono per realizzare una caccia, quello che oggi si chiamerebbe gol o rete. Mandare la palla – con le mani o con i piedi – oltre il portiere avversario, in un gioco che tiene insieme calcio, rugby, football americano, boxe, lotta e atletica leggera. In palio, una vitella chianina. È tipico della città prendersi burla delle difficoltà, provocare anche quando la situazione richiederebbe cautela e prudenza. Ancora più tipica è una delle regole fondamentali del calcio storico: se fai caccia, prendi un punto. Ma se sbagli, ti becchi la punizione, gli altri guadagnano mezza caccia. Premiare chi segna è giusto. Come anche punire chi sbaglia.

È arrivata l'ora di finirla con la retorica dei primi della classe. Non è possibile continuare a parlare solo di cose belle, elencare le eccellenze, enumerare i capolavori. È tempo di ragionare di sconfitte, delle gigantesche opportunità sprecate.

Ho in mente almeno cinque mezze cacce, occasioni letteralmente buttate via dai fiorentini, che possono essere utili per la nostra riflessione. Del resto, scriveva il saggio, esperienza è il nome che diamo ai nostri errori, no?

Prima mezza caccia, il telefono. Anzi, il telettrofono, come lo chiamava il suo sfortunato inventore, Antonio Meucci. La storia è triste, ma istruttiva. Fiorentino di San Frediano, Meucci è un tecnico competente, assunto al Teatro della Pergola come secondo macchinista. Lì incontra Ester Mochi, del popolo di Sant'Ambrogio: lavora nella sartoria del teatro e diventa sua moglie, la compagna della vita. Al Teatro della Pergola Meucci comincia a lavorare a quest'invenzione rivoluzionaria, e ne sperimenta vari modelli prima di trasferirsi a Cuba. Qui Ester si ammala ed è costretta a letto, e Antonio collega il primo telefono tra la sua camera e il laboratorio. E quando si trasferiscono di nuovo, questa volta negli Stati Uniti, registra l'invenzione, nel 1871, e rinnova il brevetto l'anno successivo. Poi i soldi finiscono e dunque è costretto a lasciarlo scadere. Nel 1876 l'americano Alexander Graham Bell sarà così abile da intestarsi merito e risultato. Soltanto nel 2002 il Congresso degli Stati Uniti riconoscerà formalmente il merito dell'invenzione a Meucci, che nel frattempo è ovviamente morto povero. Con l'attestazione formale, insomma, ci fa il brodo, per utilizzare uno stretto tecnicismo. Oggi al Teatro della Pergola solo una piccola targa mostra l'invenzione che sarà destinata a rivoluzionare il mondo.

A cosa ci può servire questa mezza caccia? Viviamo un tempo in cui ci sono più telefoni che esseri umani. E il cellulare è ormai non solo uno strumento di comunicazione vocale ma la chiave d'accesso a tutto il mondo dell'innovazione e dei *new media*. Per la memoria di Meucci possiamo fare al massimo qualche convegno. Ma possiamo trarre insegnamento dalla sua sfortunata vicenda, cercando di scommettere sull'innovazione. La tecnologia può rivoluzionare la nostra vita: dobbiamo smettere di considerarla materia per tecnici. Piccole cose cambiano il volto di Firenze come di tutte le altre città: introdurre una centrale semaforica intelligente riduce del venti per cento i problemi del traffico; consentire ai genitori di pagare online la mensa per i propri figli semplifica la vita quotidiana; l'inserimento in rete di tutti i dati sensibili dell'amministrazione (trasparenza massima secondo il principio dell'Open Gov) consente all'utente di controllarne l'operato. Io sono per la trasparenza assoluta, sempre. Ho consegnato alla segretaria generale del comune di Firenze non solo l'elenco delle mie proprietà immobiliari e azionarie (sarebbe più corretto esprimersi al singolare visto che si tratta solo della casa in cui vivo insieme alla mia famiglia, con il mio bel mutuo trentennale come la stragrande maggioranza degli italiani), ma anche il mio estratto conto bancario. Se stile nuovo deve essere, che sia stile nuovo in tutto. Ma non mi basta che il cittadino sappia quali sono il mio reddito e le mie proprietà. Voglio che possa verificare passo passo tutte le mie scelte. Non è detto che le condivida, ma le tecnologie gli consentono di essere molto più informato del passato, direttamente, senza filtri di mediazione.

Tutto ciò ovviamente non basta per rendere grande un Paese. Oggi la rete a banda larga è più necessaria delle infrastrutture tradizionali. E proprio ora che l'invenzione di Meucci è divenuta anche la porta di accesso a internet, la banda larga è molto più necessaria al Paese di qualsiasi ponte sullo Stretto. Firenze, come abbiamo detto, ha ormai centinaia di hot-spot gratuiti per turisti e cittadini. Perché siamo convinti che la competitività di un Paese passa dall'utilizzo delle nuove tecnologie, da interpretare come grande strumento di rivoluzione in nome della trasparenza e della partecipazione.

Per la seconda mezza caccia fiorentina, restiamo alla Pergola. Il primo teatro moderno al mondo, costruito nel 1652 dall'Accademia degli Immobili. Subito dopo nascerà il Teatro del Cocomero, accanto al Duomo, a cura dell'Accademia degli Infocati. Tra parentesi, ma chi glieli sceglieva i nomi a questi? Quando pensiamo agli accademici, la mente corre a persone seriosissime, professoroni universitari, eruditi e dotti fino alla perfezione. Ma persino l'Accademia della Crusca – il *sancta sanctorum* di chi difende la lingua – era nata con tutt'altro spirito. Un gruppo di buontemponi, sotto il nome di «Brigata dei Crusconi», unito da un chiaro obiettivo: discostarsi dalla pedante attività dell'Accademia fiorentina. Le cruscate erano discorsi e conversazioni di minore importanza, quasi giocose. E ogni accademico doveva avere un nome leggero, legato al grano. Se tra loro troviamo l'Avvampato, il Grattugiato, l'Intinto, l'Arrostito, possiamo anche accettare che Immobili e Infocati costruissero i teatri.

La Pergola costituisce una rivoluzione per il teatro dell'epoca. Per la forma, innanzitutto. Ma anche per la presenza dei palchi: si va a teatro non solo per vedere ma anche per essere visti. E si è separati gli uni dagli altri: altrimenti questi attaccabrighe fiorentini sono capaci di scatenare la rissa anche lì.

Calcheranno quelle scene alcuni tra i più grandi attori di sempre. Dov'è l'occasione mancata? Nel fatto che all'epoca Firenze aveva una supremazia riconosciuta in questo campo. Era la Broadway d'Europa. Ormai questo ruolo l'ha perso, nonostante abbia ancora una trentina di teatri. Una città vive di eventi, spettacoli e questo dobbiamo sottolinearlo sempre. Poche cose hanno un valore politico più grande e più intenso della gente che esce di casa la sera e va a emozionarsi a teatro. È un segno di speranza sublime che i responsabili locali della cosa pubblica devono incoraggiare. Il governo però ha chiuso l'Ente teatrale italiano e, mentre in altre città sono in corso occupazioni e proteste, a Firenze il comune e la Fondazione bancaria hanno preso la palla al balzo per un progetto culturale serio.

Un teatro aperto aiuta la comunità a crescere: investire nella cultura oggi significa risparmiare nel sociale domani. Io contesto, come molti, l'idea tremontiana per la quale «con la cultura non si mangia». La cultura nutre lo spirito e l'identità di una comunità. E può anche dar da mangiare, in senso concreto, creando nuovi posti di lavoro e nuova ricchezza. Ma se si respinge tale assunto poi si deve agire di conseguenza: il modo di spendere soldi pubblici in cultura deve radicalmente cambiare registro, incoraggiando la gestione da parte di privati che si assumano il rischio d'impresa. Perché tutti gli italiani devono pagare l'ennesima accisa sulla benzina – quella che serve a finanziare il Fus, il Fondo unico per lo spettacolo – per mantenere, insieme a tanta brava gente, anche molti privilegiati? Vogliamo avvicinare i cittadini al teatro, alla danza, alla musica classica? Dobbiamo farlo costruendo un sistema in cui lo Stato non si sostituisce, come al contrario avviene, al privato nell'offerta. Ma in cui sia in grado di incoraggiare la domanda.

In altri termini: fa bene il comune di Firenze a salvare oggi il Teatro della Pergola. Ma un domani dovrà affidarne la gestione a privati in grado di far quadrare i conti e mettere i denari del pubblico a disposizione di attività educative per i bambini: creando la domanda del futuro, non regolando – spesso da monopolista – l'offerta dell'oggi.

Terza mezza caccia, il motore a scoppio. Che è nato a Firenze – anche se quasi nessuno lo sa – da un'idea del padre scolopio Eugenio Barsanti e dell'ingegnere lucchese Felice Matteucci. Poteva essere l'inizio di una brillante avventura fiorentina, nel settore delle auto e non solo. In realtà, anche se una delle prime auto in Italia viene esposta proprio a Firenze, al Parco delle

Cascine, e nonostante la titolarità dell'invenzione del motore a scoppio, la città perde questa battaglia prima ancora di combatterla. I due si lasciano abbattere dalle difficoltà nella commercializzazione e non ne combinano niente. E il centro direzionale dell'auto italiana diventerà ben presto Torino. Come recuperare?

Credo che l'unico modo per essere innovatori ai nostri tempi – come lo furono allora Barsanti e Matteucci – sia mandare in pensione il motore tradizionale. Oggi Firenze gioca la carta della sostenibilità ambientale come biglietto da visita per la città. Il comune ha aderito al Patto dei sindaci, il network internazionale finalizzato a ridurre le emissioni di CO_2 entro il 2020. Non si tratta, per fortuna, del solito documento generico buono solo a produrre qualche comunicato stampa: sono obiettivi concreti, precisi, puntuali. Cinquecentomila tonnellate di CO_2 risparmiate tra il 2005 e il 2020. A Firenze tutto ciò si attua non solo con le pedonalizzazioni del centro storico o il piano strutturale a volumi zero, di cui abbiamo già parlato, ma anche attraverso un regolamento edilizio incentrato sul risparmio energetico, il recupero di energia idroelettrica da sei pescaie lungo l'Arno, la diffusione della mobilità elettrica, il completamento del sistema di depurazione e di smaltimento dei rifiuti, la radicale revisione della flotta bus e il completamento del sistema tranviario, con la speranza di realizzare anche una linea metropolitana sotto il centro, ammesso che le varie sovrintendenze firmino le autorizzazioni necessarie. Suonerà un insulto alla memoria di Barsanti e Matteucci la realizzazione di un sistema di mobilità verde? Non penso. Loro furono innovatori e il sistema territoriale dell'epoca non seppe valorizzarne a pieno il talento. Adesso è l'intero Paese che deve mettere a punto un'agenda della sostenibilità in grado di creare almeno mezzo milione di posti di lavoro nei prossimi dieci anni, oltre che di farci respirare meglio. Occorre cancellare il peso dell'ideologia nelle scelte delle amministrazioni, un peso che in passato è stato troppo forte, anche per responsabilità di una certa sinistra, quella a cui piace partecipare e non vincere.

Quarta mezza caccia, la cultura del cibo. Sono molti gli esempi che potremmo richiamare. La nipote di Lorenzo il Magnifico, Caterina de' Medici, che diventa sovrana di Francia, contribuisce in modo decisivo a sviluppare alla corte di Parigi una cultura dell'alimentazione degna di questo nome: vi portò molti cuochi dalla Toscana e fu lei a separare i cibi salati da quelli dolci e a portare sulle tavole la forchetta. Inutile dire che ai francesi – cui non manca una particolare sensibilità per l'orgoglio nazionale – non possiamo raccontare che parte della loro grande eredità culinaria viene da una donna italiana...

Potremmo ricordare, ancora una volta, Bernardo Buontalenti, vero genio poliedrico, architetto, scultore, ingegnere, pittore, scenografo, primo responsabile dei fuochi d'artificio (che a Firenze si chiamano fochi e che Bernardo «delle girandole» renderà magnifici). Furono i Medici a incaricarlo, in occasione dell'arrivo dell'ambasceria di Spagna, di organizzare festini sontuosi, tali da «far rimanere come tanti babbei gli stranieri, e spagnoli per giunta». All'epoca si usava già proporre nei grandi banchetti il sorbetto, ma Buontalenti intervenne sulla sua composizione, inventando una nuova miscela, a base di latte, miele, tuorlo d'uovo e un tocco di vino. Nasceva così il gelato.

Per non parlare dell'usanza di trasformare gli avanzi in cibo pregiato? La pappa col pomodoro, la minestra di pane, la ribollita, il lampredotto: tutti piatti tipici di Firenze che si spiegano con la cultura del riuso e del riciclo, si direbbe oggi. Non si butta via nulla, si sarebbe detto allora. E potremmo anche citare la bistecca alla fiorentina, il piatto semplice e robusto inventato per i priori che avevano poco tempo e non potevano lasciare il Palazzo Vecchio.

Bene, davanti allo spettacolo di questa straordinaria inventività cosa si deduce? Che Firenze avrebbe tutte le caratteristiche per essere una capitale dell'alimentazione. È un tema profondamente politico, non esagero se indico il cibo come una delle più grandi sfide del nostro tempo. Il pianeta produce risorse per dodici miliardi di persone. Siamo *solo* sette miliardi. Eppure tra di noi c'è ancora chi muore di fame e chi di colesterolo.

Pensandoci bene, del resto, il cibo è anche una grande opportunità economica per il nostro Paese. Viviamo la stagione del gusto, eppure siamo comprimari. La pizza e il caffè sono due luoghi comuni per l'Italia, che addirittura ci espongono a innumerevoli prese in giro. Ma poi gli affari milionari su questi due prodotti li fanno le grandi catene internazionali americane, Starbucks e Pizza Hut.

Si tratta di uno dei settori su cui invece la voce dell'Italia potrebbe farsi sentire più forte. Ma quando un gelataio fa pagare ai turisti due coni ventisette euro, convinto di vivere ancora nell'epoca in cui «possiamo farli fessi, tanto non se ne accorgono»; quando un fast food vende pizza che sembra gomma da masticare o gelato che sembra gas montato; quando ti servono una bistecca che sembra una suola di scarpa, mi verrebbe voglia di prenderli a testate. Abbiamo grandissimi ristoranti, certo. Alcuni uniscono l'alta qualità a un prezzo basso. Straordinari imprenditori che hanno il coraggio di rischiare. Ma se vogliamo davvero trarre un insegnamento dalla mezza caccia del cibo l'unica strada è scommettere sulla qualità non solo per chi può spendere tanti soldi, ma anche e soprattutto per chi non si potrà mai permettere il tre stelle Michelin ma ha lo stesso il diritto di mangiare come si deve.

Quinta e ultima mezza caccia: i caffè letterari, che a Firenze rimandano soprattutto a piazza della Repubblica, circondata dai più eleganti e prestigiosi locali cittadini – le Giubbe Rosse, il primo a essere inaugurato, Gilli, Paszkowski e il caffè-concerto Gambrinus – che non solo offrono birre e altre bevande esotiche, ma che divengono ben presto veri e propri circoli culturali nei quali si incontrano e discutono i più importanti artisti, letterati, filosofi e politici del tempo. Il Caffè delle Giubbe Rosse, a partire dal 1913, è il luogo d'incontro fisso del gruppo di «Lacerba» e dei futuristi fiorentini, che lo eleggono a propria sede per opporsi alla «più antiestetica e borghese piazza che possa esservi al mondo», e poi sarà il punto di ritrovo di scrittori come Vittorini, Gadda e Montale. In opposizione al turbolento caffè dei futuristi, sull'altro lato della piazza, Gilli è frequentato dagli intellettuali più in vista: qui amava sostare Carducci, e Prezzolini si riuniva con i redattori della «Voce».

Questa piazza ha un grande valore. È stata il centro vivo delle discussioni del Novecento letterario italiano. Intendiamoci, la storia della cultura ha sempre avuto un fortissimo tratto popolare, anche se ci raccontiamo balle dipingendola come espressione di un'*élite*. La maggioranza ha sempre preferito le melodie di Odoardo Spadaro e della sua *La porti un bacione a Firenze* al Maggio musicale fiorentino. E sono certo che Stenterello avrebbe oggi molti più fan su Facebook dei futuristi. Ma mi piace immaginare l'atmosfera del Caffè delle Giubbe Rosse. Penso a Giovanni Papini – un grande, anche se la sua adesione al fascismo ha impedito di riconoscerne i meriti per decenni interi, cosa che vale per una generazione di artisti da Ardengo Soffici a Ottone Rosai. Sento il suo vocione che strilla quel bellissimo verso, inserito nella testata di «Lacerba»: «Qui non si canta al modo delle rane», che esprime il bisogno di un'autenticità profonda e rifiuto del pensiero unico prima ancora che questa dottrina fosse formulata. Vedo i futuristi che volevano uccidere il chiaro di luna. O Eugenio Montale che a Firenze trovò «la terraferma della cultura, delle idee, della tradizione».

Quella stagione ha visto l'esplosione del caffè come luogo di confronto e di scontro, di analisi e di studio. E ha valorizzato la scrittura e la lettura come elementi costitutivi di una città viva. Oggi quella tensione ideale si è persa. Ammettiamo la fregatura. Quei caffè, che allora erano frontiera e sperimentazione, ormai sono a uso e consumo del turismo più o meno di qualità. Resistono poche, faticose esperienze che dovrebbero essere incoraggiate: e, tra tutte, quella che più mi sta a cuore è il caffè letterario al centro del vecchio carcere Le Murate, recuperato, come abbiamo visto, con un intelligente progetto di Renzo Piano.

E poi, se devo essere onesto, su piazza della Repubblica sono d'accordo con i futuristi: a me non piace. Mi viene in mente la celebre scenetta di Telemaco Signorini, il più grande pittore di scorci fiorentini, che alla fine dell'Ottocento, al momento della distruzione del ghetto e della costruzione di quella che sarebbe divenuta l'attuale piazza, fu visto piangere in un angolo. «O Telemaco, piangi sulle porcherie che vanno giù?», e lui di rimando: «No, piango sulle porcherie che vengono su». Non è che avesse tutti i torti. Quella piazza non mi piace e farò il possibile per cambiarla. Eh sì, il possibile perché in Italia, e a Firenze in particolar modo, le volontà dei sindaci non sono progetti. Sono più o meno suggerimenti, banali idee da sottoporre a scrupoloso vaglio di burocrazie.

È tutto figlio dei tempi: allora si potevano buttar giù piazze e distruggere mura, oggi si devono rispettare emerite schifezze protette – non si sa bene perché – da un nobile vincolo. Abbiamo bisogno di architetti generosi e visionari, gente innamorata del bello e non del proprio ego, ma avremmo bisogno anche e soprattutto di ruspe. Nel mio piccolo ho ormai un appuntamento fisso con i fiorentini: una volta l'anno, come una sorta di sacrificio laico, salgo sulle ruspe per abbattere qualcosa. Per adesso abbiamo distrutto l'inguardabile pensilina della stazione, che risaliva ai tempi di «Italia '90», il vergognoso scheletro di amianto delle ex Poste di via del Pratellino e gli edifici di scuole nate vecchie fin dalla progettazione. Occorre distruggere e rivendicare con forza il benefico, forse salvifico, potere della ruspa.

C'è gente che pensa che si è intellettuali se non si butta via nulla. Come se la nostalgia, o peggio ancora la paura, potesse prendere il posto della visione e della bellezza. Non è così. A forza di non buttar via nulla si diventa feticisti, non intellettuali. Una casa in cui non si elimina nessun oggetto prima o poi non avrà più spazio per i propri inquilini. C'è bisogno di distruggere, non solo di costruire, per ritrovare noi stessi. Potrà sembrarvi eccessiva questa riflessione, ma il nostro tempo è segnato da molti crolli. Crollano le certezze, crollano le ideologie, crollano le distanze. Crolla il Muro di Berlino ed è il trionfo della libertà. Crollano le Torri Gemelle ed è la vittoria del terrore. Per una città normale, in tempi di pace, il crollo, l'abbattimento, la distruzione sono grandi temi di sociologia urbana. Certe schifezze andrebbero fatte brillare senza incertezza alcuna. Già. Ma chi decide cosa è bello e cosa è brutto?

Si dice: impossibile che un sindaco decida sulla base del suo gusto. Comprendo l'obiezione, ma questa visione agnostica dell'estetica mi stritola. Può piacermi o meno, ma la stazione Santa Maria Novella, di Giovanni Michelucci, è oggettivamente bella. Eppure in città Michelucci ha progettato palazzi oggettivamente inguardabili. Succede a tutti. Ma io non posso buttar giù il brutto palazzo di Michelucci in piazza Salvemini perché è di Michelucci, e dunque vincolato. Questo atteggiamento dovrebbe essere oggetto di una grande riflessione da parte della politica. Altro che il pastone quotidiano del tg della sera.

Vorrei che ci fosse la partecipazione dei cittadini anche su questo tema. Sarebbe bello per i fiorentini infiammarsi davanti agli argomenti seri. Noi non saremo mai capaci di litigare meno. Forse, impegnandoci, saremo capaci di litigare meglio. Così come non sopporto l'apprezzamento acritico nei confronti di Michelucci (o chi per lui), mi infastidisce lo stesso atteggiamento nei confronti del passato. Ma quando ho provato a cambiare sistema, mi sono scontrato con la chiusura degli addetti ai lavori.

Avete forse presente la facciata della basilica di San Lorenzo. È probabilmente la più antica della città, ma nel Quattrocento vengono approvati dei lavori di ampliamento. I lavori però vanno a rilento, tra le morti di un paio di architetti e di altrettanti committenti, e rogne burocratiche che evidentemente non sono una prerogativa odierna. Per farla breve, la facciata resta incompleta. Nel 1515 papa Leone X indice un grande concorso, a cui partecipano tra gli altri Raffaello e Giuliano di Sangallo. Michelangelo si aggiudica la gara, ma qualcosa va ancora storto e il suo progetto resta solo sulla carta.

Avrei voluto portare a termine la facciata e ho lanciato sul tavolo due diverse proposte. La prima: si prende il progetto vincitore del concorso, quello di Michelangelo, conservato a Casa Buonarroti. L'uomo era bello sicuro di sé e scriveva: «Mi sento capace di costruire per San Lorenzo una facciata che sia un modello di architettura e scultura per l'Italia intera». Un raptus di megalomania? Può darsi, ma lui si chiamava Michelangelo Buonarroti. Il progetto c'è. Realizzarlo non costa molto: gli sponsor mondiali coprirebbero ogni spesa e di certo il ritorno di visibilità sarebbe enorme. Ovviamente mi hanno accusato di essere schiavo del marketing.

La seconda. Si indice un nuovo concorso tra gli architetti contemporanei più tosti. Il progetto che vince si realizza.

Naturalmente si può anche lasciare tutto com'è. Si afferma il principio della superiorità della storicizzazione del non-finito.

Ho provato a formulare l'ipotesi di un referendum tra queste tre idee diverse. La stragrande maggioranza dei cittadini si è dimostrata interessata e ha partecipato con lettere, email, commenti. La totalità degli addetti ai lavori ha bollato come improvvisata e superficiale la mia proposta, spiegando che non si può intervenire sulle opere del passato. Il che è una balla storica. Non solo le facciate del Duomo e di Santa Croce sono state realizzate nel XIX secolo, ma addirittura i ponti a Firenze sono tutti falsi – eccezion fatta per Ponte Vecchio – e sono stati ricostruiti perché minati e fatti saltare dai nazisti. Non è stato forse un atto discutibile quello di copiare il progetto dell'Ammannati per il ponte di Santa Trinita? Eppure questo accadeva qualche decennio fa, non lo scorso millennio.

San Lorenzo mi fa venire in mente un'altra mezza caccia. Non voglio addentrarmi nelle polemiche sul mercato, che la mia amministrazione vorrebbe rivoluzionare. Perché si fanno tanti discorsi sull'Italia che deve cambiare, sulle liberalizzazioni, sul coraggio di decidere. Ma in questo Paese si fa prima a fare la rivoluzione che a spostare le bancarelle di un mercato turistico, protetto da una suprema e nobile tradizione: «Il suolo è pubblico ma il guadagno è privato». Ma non divaghiamo.

Quello che m'interessa sottolineare è che qui siamo nella terra di Pinocchio, anche se, a dir la verità, non lo sa quasi nessuno. È un simbolo globale, uno dei libri più tradotti al mondo, secondo alcuni il più tradotto dopo la Bibbia. Il suo autore – di *Pinocchio*, non della Bibbia ovviamente – era un fiorentinaccio purosangue. Chi era? Tutti pensano a Walt Disney anche se ad almeno una generazione di italiani verrebbe in mente Luigi Comencini.

Non scherziamo, Pinocchio parlava con la c aspirata non con lo slang di Los Angeles. Diceva «babbino» non «*Oh my Gosh!*». C'è chi dice che ci voleva il cuore di un fiorentino per far muovere un pezzo di legno. Secondo me solo un fiorentino poteva raccontare tutte quelle bugie. Naturalmente essendo fiorentino pensava di essere il più furbo di tutti e finiva regolarmente fregato. Potremmo dire però che era buono dentro, se solo non facesse troppo Harmony.

Il punto è che Carlo Lorenzini, detto Collodi dal nome del paese della mamma, nasce nel quartiere di San Lorenzo, in via Taddea e muore sessantaquattro anni dopo duecento metri più in là, in via Rondinelli. Nel mezzo è tutto Firenze, solo Firenze, nient'altro che Firenze, a parte le villeggiature a Villa La Quiete, al confine con il comune di Sesto Fiorentino dove Carlo scrive molta parte delle avventure del burattino.

Tutto è Firenze in quel libro. L'albero dove Pinocchio viene impiccato è il quercione del Parco delle Cascine, un gigantesco albero in mezzo al prato più grande. Nei primi anni del Novecento, purtroppo, la quercia è morta ma il prato si chiama ancora così. Il Paese dei Balocchi si ispira al mercato di Sesto Fiorentino. E persino la Fata Turchina è esistita. Si chiamava Giovanna Ragionieri ed era poco più che bambina quando Lorenzini scriveva e abitava nel borgo di Castello. È morta nel 1954 a novantasei anni e ha fatto in tempo a pubblicare una sua foto. Solo che risale a quando era già anziana. E francamente vedere la fatina sdentata non l'avvicina all'idea che ciascuno di noi si è fatto. Possiamo andare avanti per ore, naturalmente. Anche perché sulle interpretazioni di Pinocchio ci sono ormai centinaia di teorie diverse, a partire dallo scontro tra chi sostiene che Lorenzini fosse affiliato a una loggia massonica e vede nell'opera una trasposizione del percorso iniziatico e chi invece, come il cardinale emerito di Bologna Giacomo Biffi, vi trova tutte le prove dell'ispirazione cattolica.

Qualunque altra città sarebbe divenuta famosa in tutto il mondo come la città di Pinocchio. Noi no. Un po' ce la tiriamo, un po' si fa fatica, un po' siamo vittime di una perversa *forma mentis* per cui il marketing in una città d'arte è una parolaccia. Andare a Copenaghen e non vedere il monumento alla Sirenetta è impossibile. A Firenze, di Pinocchio, trovi al massimo una targa semiclandestina.

Ma la travagliata fiorentinità di Pinocchio offre due spunti di riflessione. Il primo riguarda la mia città, anche se forse sarebbe più corretto dire tutte le città turistiche italiane. Dobbiamo essere più accoglienti nei confronti dei bambini, delle famiglie con figli. Mi hanno preso in giro – tanto! – perché ho vincolato l'autorizzazione dei dehors per bar e ristoranti non solo ai servizi per la clientela, come il wifi gratuito, ma anche alla presenza di un fasciatoio e di servizi per l'infanzia: «O Sindaco, noi si dà il lampredotto non i pannolini». Capisco. Ma la civiltà di una terra si misura anche attraverso l'attenzione che sa riservare ai bambini, propri e altrui. Inutile lamentarsi della scarsa natalità. Nessuno vuole costringere la gente a fare figli. Ma finché i politici ritengono la questione degli asili nido «roba da femminucce», come mi ha detto qualcuno una volta, finché l'iva sui pannolini sarà uguale a quella sui beni di lusso, finché portare il passeggino in un museo, o semplicemente sul marciapiede, sarà considerato una fastidiosa stravaganza, non andremo da nessuna parte.

Il secondo invece riguarda la mia generazione. Noi nati negli anni Settanta-Ottanta soffriamo della stessa malattia dei fiorentini con Pinocchio: non riusciamo a comunicare bene quello che siamo. Non abbiamo una storia collettiva da raccontare, pur avendo realizzato grandi cose. Non abbiamo simboli attorno ai quali riunirci, pur essendo la generazione più social che la storia ricordi.

Le *startup* – non solo tecnologiche – che hanno cambiato per sempre il mondo dell'economia, della socialità, della cultura e dunque della politica, invece, non hanno avuto la forza o la voglia di costruire un riferimento identitario per la mia generazione.

Il Sessantotto ha cambiato il mondo in misura molto meno profonda di quanto abbia fatto l'Ottantanove o il Duemilauno. Eppure intorno al Sessantotto la generazione dei nostri padri ha costruito (qualcuno potrebbe dire ricamato) una narrazione di valori, idealità, passione che costituisce un richiamo permanente. Non so se si tratti della trasposizione mitologica di una realtà che non è mai esistita. So però che i nostri padri hanno dipinto la loro come la «meglio gioventù». Più o meno in buona fede hanno finito col crederci. E noi abbiamo accettato il loro racconto come l'unico possibile.

Non è un caso allora se gli opinion leader di oggi (che appartengono quasi tutti a un'altra generazione) descrivano i nati negli anni Settanta-Ottanta come una generazione pigra, triste, priva di valori. Un giudizio diffuso, senza appello: talvolta sprezzante, più spesso quasi dispiaciuto.

Non è così, naturalmente. I fatti dimostrano che non è così. Ma la storia la racconta chi ha la forza di farlo. Chi ha la capacità di farsi ascoltare. E allora se la mia generazione non trova il coraggio per alzare la voce, finirà come i fiorentini con Pinocchio: si lamentano di Walt Disney dicendo che lo ha tradito. Ma non fanno niente per cambiare racconto. Questa mezza caccia è proprio per noi…

Tocca a noi fare meglio

A Firenze c'è un costante rimpianto – più o meno confessato, ma sempre a bassa voce – per i tempi andati. Si dice, con un gioco di parole, che si stava meglio quando si stava peggio. È ovviamente una contraddizione in termini, ma rende bene l'idea: ci costruiamo un'idea di passato, spesso romanzata e idealizzata, rispetto a cui il presente appare un passo indietro.

Non è detto che non sia vero, ovvio. Ma suona strano che i fiorentini la pensino così da secoli. A partire da Dante che attacca la «gente nova» e i «subiti guadagni» fino a Papini che si scaglia contro i fiorentini ormai ridotti a «bidelli di sale mortuarie»: la polemica sul presente è inarrestabile, e continua con i mugugni dei fiorentini d'oggi. Ricordo un'assemblea a Novoli, due anni fa, sulla questione delle prostitute in strada, che creano anche problemi al decoro, soprattutto di sera. Spiego che per il comune non è facile intervenire: manca una legislazione che vieti la prostituzione (come è noto, si può colpire solo lo sfruttamento, ma è compito degli inquirenti non degli amministratori). E dunque aumenteremo i controlli, interverremo sul traffico. Del resto – e qui aggiungo la frase che mi frega – la prostituzione è senz'altro una questione annosa se viene definita il mestiere più antico del mondo. E soprattutto a Firenze non è vero che si stava meglio quando si stava peggio. Quando voi anziani eravate giovani – ricordo, suscitando il gelo in sala – il centro storico era pieno di prostitute. Interviene una signora: «Se erano in piazza del Duomo perché ce l'ha levate? La colpa l'è sua e della pedonalizzazione. Ora che gli è tutto libero, sa icchè la deve fare lei, caro sindachino? La le piglia lei e la le riporta tutte in Duomo».

Ma una città non appartiene ai ricordi, non può cullarsi nella rievocazione di una fantomatica età dell'oro.

Finché farò politica, Firenze non sarà mai la città di Dante o di Leonardo. Sarà sempre la città di mio nipote. Una città che ho preso in prestito dai figli più che in eredità dai padri.

Giorgio La Pira, in un bellissimo discorso tenuto a Ginevra nel 1954, lo spiega addirittura in termini giuridici con un ragionamento tipico da professore di diritto romano. Siamo eredi fiduciari, tecnicamente parlando la città non ci appartiene perché è un bene altrui. E questo impone di conoscere il passato nella convinzione che tocchi a noi fare meglio. Provarci almeno.

Tutto il senso di questa lunga riflessione ruota proprio su quello che Firenze può restituire all'Italia e al mondo per i doni che ha ricevuto. È un concetto molto biblico: «Cosa renderò per quello che mi è stato dato?» canta il salmista. Ma è anche molto anglosassone, è la già citata filosofia del *giving back*. Ho avuto delle possibilità, le ho sfruttate, ora restituisco qualcosa a chi mi ha aiutato.

Firenze oggi è la capitale italiana di un esperimento. Qui i giovani – o presunti tali – non tengono convegni sul rinnovamento generazionale. Qui governano. Che poi lo facciano bene o male questo è un altro paio di maniche. Ma da queste parti la generazione nata negli anni Settanta, spesso criticata e talvolta derisa, non attende passivamente il proprio turno. Si è messa in gioco, ha rischiato, ora è in campo.

Riceviamo tanta attenzione. E molti attacchi. Il più insidioso? Renzi chiacchiera, chiacchiera, chiacchiera. Ma sono solo parole al vento. Certo, non deve essere facile fidarsi di un politico, specie quando proclama: «Dimezzeremo i posti di responsabilità». La cosa divertente, però, è che a Firenze l'abbiamo fatto.

Fortunatamente la gente non fa in tempo a scoprire anche tutti gli errori che commettiamo, giorno dopo giorno. Amministrare significa svolgere un lavoro bellissimo ma è impossibile compiere un percorso netto: gli ostacoli sono presenti a ogni incrocio. I sindaci però sono quelli che quotidianamente risolvono i problemi. Prendendosi pure gli insulti se piove troppo. Sono loro la vera anticasta e non i tecnici con le loro dichiarazioni dei redditi milionarie. Sono loro che stanno in prima fila a prendersi il fango. Sono loro che si trovano sul campo di battaglia da soli: i partiti sono un'invenzione dei media, nessuno che dia una mano davvero.

La città non può essere considerata il problema del nostro tempo, ma casomai la soluzione. Dovremmo compiere un blitz negli uffici degli alti dirigentoni romani e spiegarlo a chi ha deciso di tagliare i fondi di 7,4 miliardi di euro, per i comuni cosiddetti «non virtuosi». Peccato che i criteri di questa virtuosità siano piuttosto discutibili. E nel lustro 2005-2009 la spesa dei comuni è diminuita di circa il due per cento, mentre la spesa della pubblica amministrazione è aumentata del venti per cento: a noi va bene fare i sacrifici, ma dobbiamo farli solo noi?

Tutti gli ostacoli però sono solo un incentivo a saltare più in alto. Ci piace il vento in faccia e non ne facciamo mistero quando andiamo controcorrente. E proviamo a immaginare un futuro diverso.

Alla fine del 2011 abbiamo organizzato un incontro alla stazione Leopolda. Abbiamo invitato chiunque volesse partecipare alla discussione sui grandi temi che i cambiamenti in corso ci mettono davanti. Abbiamo scelto la stazione Leopolda perché c'è l'idea del treno, l'idea del futuro, l'idea di Fabbrica Europa e di Pitti. Perché dalla Leopolda si può partire. Alla stazione Leopolda si è data appuntamento un'Italia che vuole cose in apparenza banali. Vuole mettere a dieta la politica e far ingrassare i giovani che vivono di ricerca. Vuole una giustizia civile degna di questo nome, che significa entrare in tribunale per avere sentenze, non ostacoli e ritardi. Vuole che i dati siano pubblici. Vuole infrastrutture. Vuole scommettere insieme alle aziende e non contro le aziende.

È l'Italia che credeva, e ancora crede, a un Partito democratico che non sia l'ennesima riedizione o trasformazione dei partiti del passato. Finora i dirigenti si sono divertiti in un gioco da ragazze pon pon durante gli intervalli delle partite di basket dei college americani. Datemi una P, datemi una D, datemi una S. Da

Pds a Ds a Pd: il rischio è che qualcuno voglia proseguire – per par condicio – chiamandosi adesso Ps. Che nella testa dei più è la pubblica sicurezza o al massimo un post-scriptum. Ma per qualcuno potrebbe essere la riedizione in salsa italiana di un partito del socialismo europeo che non soltanto a noi non serve, ma che sarebbe un passo indietro rispetto al cammino percorso per arrivare al Partito democratico. Non si esce dalla crisi in cui ci troviamo semplicemente richiamando tradizioni più o meno gloriose del secolo scorso. Perché il partito sia davvero una cosa nuova non basta modificare una consonante una volta ogni dieci anni, mantenendo sempre le stesse facce. Occorre cambiare le cattive abitudini. E i gruppi dirigenti. Tutto questo è molto più difficile che incaricare un grafico, o un botanico, di sostituire una quercia con un ulivo.

Se è vero ciò che nella lunga riflessione di questo libro ho tentato di verificare, e cioè che il passato ci dà valori e suggerimenti splendidi, ma le idee, i metodi, le persone debbono rinnovarsi se non vogliono vivere di perdente nostalgia, il Partito democratico della Leopolda vuole vincere e non si accontenta di partecipare.

Combatte le idee degli altri, ma non attacca le persone, vizio che purtroppo è congenito anche alla nostra parte politica. Non sono d'accordo con te? Non discuto le tue idee, ma provo a ridicolizzare la tua persona. Se guardo ai giornali del post-Leopolda, l'ottanta per cento dello spazio era dedicato a chi era presente e non a cosa avesse detto.

Il Pd che ho in mente vuole che tutti abbiano una casa ma non delega l'urbanistica alle cooperative dei costruttori o agli interessi dei professionisti del mattone. Scende in piazza una volta all'anno se vuole protestare contro qualcosa e lo fa con le armi non convenzionali del sorriso e non della minaccia, ma soprattutto vive la piazza tutti i giorni come luogo dell'incontro, come occasione per combattere la solitudine del nostro tempo.

Crede nella realtà dei fatti senza rinchiudersi nelle stanze del partito. Non considera i cittadini solo come clienti. Crede nella politica e quindi impara a comunicare, non demonizza il marketing. Elimina il finanziamento pubblico ai partiti perché dopo quello che è successo serve un taglio netto per recuperare credibilità. Crede nel ruolo del pubblico, ma se il servizio del privato – con la stessa qualità – costa meno preferisce risparmiare e investire le tasse dei cittadini in altre priorità. Non vive di ideologia ma non rinuncia ai suoi ideali. E soprattutto non ha paura di chi porta nuove idee. È capace di sognare e sa anche quando svegliarsi. Punta su una società vera, non sullo statalismo del secolo scorso: investe nel terzo settore, nell'associazionismo, nella famiglia.

Crede nei diritti civili ma anche nei doveri privati. Tiene lontani i partiti dalla Rai o da Finmeccanica non solo dopo aver perso le elezioni, ma soprattutto il giorno dopo averle vinte (ammesso che una tale evenienza prima o poi si verifichi). Vuole difendere l'ultimo ma non accetta di tarpare le ali del primo, crea una società davvero basata sul merito e sul talento, e rivoluziona il welfare per costruire una rete di garanzia. Riduce le cattedre universitarie e di conseguenza, sì di conseguenza, aumenta la qualità dell'insegnamento. Un partito il cui gruppo dirigente ha come obiettivo quello di organizzare le primarie, non di evitarle. Vuole il consenso degli italiani ma anche il coraggio dei cittadini. E crede che lo slogan più bello sia quello della verità. Crede nella formazione permanente ma non nei burocrati della formazione. Manda in pensione i cittadini due anni più tardi ma assicura un asilo nido in più.

Valorizza le istituzioni e i festival culturali che troppo spesso nel nostro Paese vivono la contraddizione tra qualità indiscussa e problemi di bilancio, ma combatte i privilegi dei soliti noti che si autoproclamano custodi della battaglia per la cultura. Il Pd della Leopolda giudica immorale il debito lasciato in eredità alle nuove generazioni e non sopporta l'idea che oggi lo Stato spenda più per gli interessi sul debito che per la scuola: paghiamo più per le colpe dei padri che non per educare i figli, che invece hanno fame di cultura.

Mi è rimasta impressa una scena in proposito. Tempo fa, abbiamo organizzato alcune attività per avvicinare i più piccoli alla musica. Diretto da un giovanissimo maestro, Andrea Battistoni, facevo la voce narrante della favola musicale *Pierino e il Lupo* di Sergej Prokof'ev. Come il testo prescrive, apro con la domanda retorica: «Posso raccontarvi una storia?». Subito i bambini, beatamente ignari di ogni forma di etichetta ed entusiasti della proposta, rispondono quasi urlando: «Sììì!».

C'è un grande bisogno di fantasia, non solo tra i bimbi. L'idea di una diversa capacità di immaginazione per il nostro Paese è fondamentale. Vincerà chi saprà raccontare meglio una storia credibile. Lo so, detta così sembra un tributo alla semplificazione e alla comunicazione. Ma se non vogliamo essere schiavi di una tecnocrazia umiliante tutti noi avvertiamo il bisogno di essere coinvolti in un progetto grande, in un orizzonte che vada oltre la grigia banalità. Vincerà chi saprà raccontare la bellezza utile di un'Italia che si nasconde timida in un mondo che avrebbe ancora molto bisogno di lei. Chiedono bellezza i cittadini globali del XXI secolo. Chiedono emozioni e un progetto nel quale credere. Chiedono di essere coinvolti, non ammaestrati con tre slide e due battute. C'è un gigantesco spazio politico che si apre. Ora.

Durante il Big Bang della stazione Leopolda ci siamo detti che toccherà anche a noi riempirlo. Questo percorso nel cuore di Firenze sembra addirittura richiederlo. La politica è fatta di tanta ipocrisia... Fateci caso: per giustificare le candidature quasi tutti iniziano schermendosi. «Gli amici mi hanno chiesto, i compagni hanno insistito, la gente mi ha proposto.» Difficilmente trovi qualcuno che dice: ok, ci sto, faccio la mia parte. Gente che possa dire «io» senza avere paura di negare il «noi».

Non so quando la sfida lanciata da Firenze, per Firenze e con Firenze diventerà la sfida per tutta l'Italia. Non lo so e non vivo con l'ansia da prestazione di dover continuamente dimostrare chi sono, chi siamo. So, però, che il momento arriverà. Avremo una possibilità, una sola, e dovremo giocarcela bene. Che sia tra qualche mese – alle prossime elezioni – o più ragionevolmente tra qualche anno, in quelle immediatamente successive, non importa. So che quando toccherà a noi dovremo semplicemente fare la rivoluzione: migliaia di persone chiedono una svolta alla politica. Non possiamo permetterci il passo falso, la mezza caccia. Bisogna scegliere il momento giusto. Indovinare l'attimo esatto, l'istante in cui il coraggio è più forte del rischio. Ripensandoci, Firenze è anche questo. Un insieme di attimi che si fanno eternità.

Ogni giorno, mentre vado al lavoro, mi perdo nella contemplazione della bellezza dei monumenti. Non di rado, però, inciampo in una buca delle sconnesse strade del centro storico. Lo vivo come un immediato richiamo al mio lavoro. Mi piace passare in trenta secondi dalla riflessione culturale sul mondo che cambia al tombino da pulire. È una caratteristica dei sindaci. Abbiamo ereditato una città magnifica ma con il manto stradale in condizioni pessime. E nei primi due anni siamo partiti con un'operazione a tappeto nelle strade della periferia. Perché serve a poco tenere pulito il salotto se il resto della casa non è in ordine.

Rischiando il disprezzo dei turisti abbiamo scelto di invertire e siamo partiti dalle periferie. Ora che il lavoro è ben avviato possiamo sistemare le più costose pietre del centro storico, specie di quelle aree pedonalizzate – Tornabuoni, Martelli, piazza Duomo, Cerretani, Tor Santa Maria, Panzani – che con una diversa illuminazione e con un manto degno di questo nome completeranno la rivoluzione culturale degli spazi cittadini.

Mi viene in mente Steve Jobs, che a Firenze si innamora del colore della pietra serena e impone che tutti i suoi Apple Store siano realizzati con quelle caratteristiche. Facendo, tra parentesi, la fortuna di un'azienda di Firenzuola. Una banalità, certo. Eppure il fatto che il padre del Mac, dell'iPhone, dell'iPad, il teorico dello *Stay Hungry, Stay Foolish* si sia innamorato delle strade di Firenze (o forse più correttamente del loro colore, del loro materiale) mi inorgoglisce.

Questa città obbliga sempre a una grande sfida. Persino rimettere a posto una strada, una buca, un tombino costringe a fare i conti con la bellezza. Non può essere solo un gesto meccanico.

A me la bellezza fa venire voglia di dire grazie. La bellezza produce stupore e ammirazione, non invidia. Anche se il nostro tempo preferisce invidiare che ammirare, la bellezza tende all'altro, la bellezza tende all'oltre.

Il mio ufficio è a Palazzo Vecchio, nella sala di Clemente VII. Ogni giorno mi accolgono pile di documenti, un numero infinito di email da leggere e gli affreschi del Cinquecento.

Alla mia destra c'è la *Battaglia di Gavinana*, il quartiere che nel 1530, durante l'assedio di cui abbiamo già parlato, diventa teatro dello scontro tra le forze della Repubblica e quelle di Carlo V che tenta di riportare i Medici in città. È la battaglia in cui perde la vita il grande condottiero Francesco Ferrucci. I suoi uomini sono dieci volte meno numerosi dei nemici. Ma vendono cara la pelle con un coraggio al limite dell'eroismo. Ferrucci viene infine colpito, ferito a morte. Su di lui si avventa Maramaldo che lo vede a terra. Indifeso. Impossibilitato a combattere. Maramaldo gli si avvicina. La frase che tutti conosciamo arriva dall'eroe a terra: «Maramaldo, vile, tu uccidi un uomo morto». Fa parte di Firenze, e dell'Italia, anche l'idea che la viltà possa prevalere sul coraggio. Maramaldeggiare è diventato un neologismo, ferrucciare no. Al di là della cacofonia qualcosa vorrà pur dire.

Per me la vera distinzione per il futuro dell'Italia è quella tra coraggiosi e vili. Dietro la mia scrivania, mi protegge – si fa per dire – l'affresco dell'*Assedio di Firenze* che il Vasari disegna e che Giovanni Stradano realizza. È il momento nel quale i Medici rientrano in città e spazzano via la Repubblica fiorentina. Naturale che il buon Cosimo tenesse a questo messaggio.

Osservando bene l'affresco ci si trova di tutto. Il rapporto tra bellezza e volgarità, ovviamente. Agli angoli dell'affresco ci sono guerrieri dipinti nell'atto più intimo, quello della toilette, diciamo così. Pur comuni nella storia dell'arte, nel salone di Clemente VII le impellenze fisiologiche stonano un po' con la magnificenza dell'immagine globale della città. Ci sono molti luoghi di Firenze nell'affresco. C'è il campanile di San Miniato, rappresentato con i materassi che vi pose intorno a protezione Michelangelo, schieratosi con la Repubblica. C'è Palazzo Pitti nella sua prima versione, quella immaginata da Brunelleschi. Manca il Corridoio Vasariano che è ancora nella mente dell'artista aretino. Svetta la cupola nella sua profondità. Si intravede Santa Croce, ma si può solo immaginare cosa stia succedendo in quella piazza. Già, perché mentre è in corso l'assedio, i fiorentini, come abbiamo visto, non rinunciano all'ennesima provocazione e si mettono a giocare a calcio. Si lotta per tenere insieme il divertimento con l'onore.

Inutile stare a spiegarlo ai professionisti della lamentazione, a quelli che considerano cupo persino un arcobaleno, a quelli che hanno paura anche della propria ombra. La partita di calcio ci insegna che la vita va presa così, mettendosi in gioco. Non so come andrà a finire la mia esperienza di governo a Firenze, né che sapore avrà la sfida per cambiare il Paese. So che prima o poi ci proveremo. Con il sorriso sulle labbra. E naturalmente senza nasconderci. Perché da queste parti ci hanno insegnato che si può fare solo così: a viso aperto.

Cronologia

59 a.C.
Nasce Firenze, per volere di Giulio Cesare, che immagina di costruire una città per far riposare i guerrieri, un accampamento pacifico e sereno. Succede anche ai più grandi di sbagliare.

405
I barbari di Radagaiso assediano la città. In attesa che arrivino i romani – sempre loro –, i fiorentini resistono, guidati dal vescovo Zanobi. Che poi diventerà santo. E che darà il nome alla colonna di piazza del Duomo.

1001
Nasce la bandiera americana, ovviamente a sua insaputa. Ugo di Toscana sceglie uno stemma a strisce bianche e rosse. Nel 1700 Filippo Mazzei lo mostra a George Washington, che aggiunge stelle bianche in campo azzurro. Gran risparmio sul creativo e sul grafico.

1099
Pazzino de' Pazzi compie l'impresa. Nonostante il nome, è il primo a issarsi sulle mura di Gerusalemme. In

premio riceve da Goffredo di Buglione tre schegge di roccia del Santo Sepolcro. Da lì nasce la cerimonia dello scoppio del carro.

1185
L'imperatore Federico I, *nickname* Barbarossa, impedisce a Firenze di riscuotere le tasse fuori dalle mura. E l'idea non garba ai fiorentini. Due anni dopo Enrico VI revoca il divieto. E l'idea stavolta non garba al contado...

1216
Da un matrimonio saltato succede un gran casino. Firenze si divide in guelfi e ghibellini, che se le danno di santa ragione. Sostenitori del papa contro sostenitori dell'imperatore, in teoria. In realtà, tutta una questione di vino, donne e soldi...

1252
Viene coniato il fiorino, la prima moneta aurea dell'Europa occidentale. Farà la fortuna di Firenze e del capolavoro *Non ci resta che piangere* con Roberto Benigni e Massimo Troisi.

1260
Firenze viene sconfitta a Montaperti dai senesi. Tradimenti, alleanze sbagliate, errori tattici. Insomma, una giornata no. Fatto sta che i senesi se la tirano ancora oggi. Farinata riesce a sconfiggere la sua città e a salvarla.

1289 circa
Giotto dipinge una mosca su un quadro di Cimabue. Cimabue cerca di scacciarla, poi capisce che l'allievo ha superato il Maestro. Fosse in un'università di oggi a Giotto non bandirebbero il concorso senza prima aver messo in cattedra la ganza di Cimabue...

1293
Vengono promulgati i rivoluzionari Ordinamenti di Giustizia, che escludono dalla vita politica i «magnati». Per essere eleggibili alle cariche di governo è necessaria l'iscrizione a un'Arte. Della serie, chi non lavora non fa... il priore.

1300
I ghibellini sono *out* e i guelfi non sanno più con chi litigare. Evitano la depressione dividendosi in bianchi contro neri. Così, per tenersi in forma. Lo *spoil system* è barbaro e tra gli altri ne fa le spese Dante. Che – anche per togliersi qualche sassolino dalla scarpa – scrive la *Divina Commedia*.

1345
Re Edoardo III d'Inghilterra si rifiuta di restituire i debiti contratti con alcuni banchieri fiorentini, i Bardi e i Peruzzi, per la Guerra dei cent'anni. La banca fallisce, lo Stato si salva. Oggi in genere succede il contrario.

1348
Firenze è piegata da carestia e peste, che ispireranno a Boccaccio il contesto per il suo *Decamerone*. Gli

abitanti sono decimati, le vittime migliaia. Era una delle città più popolose al mondo, non lo sarà mai più. Con tutto il rispetto per Boccaccio, stavamo meglio senza...

1378
Tumulto dei Ciompi, gli operai della lana, che conquistano la partecipazione al governo e diritti corporativi. Ma non dura. La cruenta repressione dei ceti più alti viene facilitata dalla mancanza di unità dei Ciompi. Già allora divisioni a sinistra...

1427
La Repubblica ordina il «catasto», il primo tentativo di equità fiscale della storia moderna, che tassa le famiglie con un sistema progressivo in base alla ricchezza. Gli evasori vengono presi e sbattuti in galera. Forse i nostri tecnici potrebbero prendere qualche spunto...

1439
Con Cosimo I de' Medici i fiorentini strappano a Ferrara il Concilio che segna (per poco) la pace con gli ortodossi. È il primo successo della città nel campo del marketing congressuale.

1440
Firenze batte Milano ad Anghiari. La notizia fa scalpore e resta nella storia più di una vittoria contro la Juve. Soprattutto perché Leonardo da Vinci la dipinge, Vasari la nasconde con un indovinello e viene ritrovata appena cinque secoli dopo.

1478
Muore Giuliano de' Medici, ucciso nella congiura dei Pazzi. Il fratello Lorenzo il Magnifico si salva per un soffio, soccorso da Poliziano, che lo barrica in sacrestia. E quando riprende le redini, per i Pazzi sono cavoli amari...

1497
I fiorentini, sulla scorta delle prediche di Girolamo Savonarola contro la dissolutezza etica, bruciano libri, monili e quadri nel «falò della vanità». Neanche un anno e sul rogo ci finisce lui. Come, non si può cambiare idea?

1512
Muore Amerigo Vespucci. Da cinque anni già si parla del Nuovo Mondo come America. E sarà l'unico continente chiamato con il nome di un uomo. Meno male che non hanno scelto il cognome: *Vespuccian Dream* suona molto meno bene.

1513
Machiavelli scrive *Il Principe*. In tutto il mondo è oggi considerato un testo sacro per coloro che fanno politica. Chissà cosa avrebbe pensato Machiavelli di uno come Scilipoti in Parlamento...

1530
Carlo V tiene sotto assedio la città, che sta per capitolare. Intanto, in piazza Santa Croce, i fiorentini in scherno al nemico giocano a calcio. L'assedio finisce male, la partita non si sa...

1564
Cosimo I de' Medici abdica a favore del figlio Francesco I, che poi finisce male, probabilmente avvelenato dal fratello Ferdinando. Forse era meglio fare le primarie.

1642
Muore sulle colline di Arcetri, alla torre del Gallo, Galileo Galilei. Raro esemplare di pisano apprezzato a Firenze, rivoluziona il mondo. E apre la strada a meravigliosi convegni sul rapporto tra scienza e fede.

1737
Anna Maria Luisa de' Medici dona alla città il patrimonio artistico della famiglia. Un esempio di servizio pubblico intelligente, altro che la Rai...

1854
Antonio Meucci inventa il telefono per amore di sua moglie Ester. Ma Bell gli ruba l'idea e ci fa i soldi. Solo nel 2002 gli americani riconosceranno la verità. Meucci avrebbe pensato che la ragione si dà ai bischeri...

1865
Dopo Torino, è il turno di Firenze come capitale d'Italia. Il tempo di abbattere le mura e costruire qualche schifezza (c'è chi lo chiama Risanamento), e il testimone passa a Roma.

1956
La Fiorentina vince il Campionato di calcio. Nella storia della città si contano più alluvioni che scudetti. In

attesa di significative opere idrauliche e di azzeccate campagne acquisti difficile invertire il trend...

1966
Il 4 novembre l'Arno sommerge Firenze. Muoiono più di trenta persone e risultano danneggiate molte opere d'arte. I fiorentini vivono la prova con coraggio e ironia. Un commerciante appende alla porta il cartello «Chiuso per nervoso». Dall'esperienza degli angeli del fango nasce la Protezione civile italiana.

1993
Una notte di maggio Firenze scopre che la mafia non ha confini. Il tritolo di Totò Riina, esploso in via dei Georgofili, uccide uno studente, un babbo, una mamma, una piccola poetessa di nove anni, uno scricciolo di due mesi. Feriti gli Uffizi. Ma la reazione della città commuove l'Italia.

2012
Nel cinquecentenario della morte di Amerigo Vespucci, un team italoamericano localizza la *Battaglia di Anghiari*, il capolavoro perduto di Leonardo da Vinci. Sono passati appena cinque secoli. Ce ne vorranno altrettanti per avere il permesso di estrarla e restaurarla?

Indice

Non esiste bellezza senza scopo 9

1 Farinata e la politica di oggi 19

2 Dante e il linguaggio della sinistra 33

3 Michelangelo e il servizio pubblico 43

4 Savonarola e la Casta 63

5 Brunelleschi e la meritocrazia 91

6 Cosimo il Vecchio e la crisi dei mercati 109

7 I frati e lo stato sociale 127

8 Amerigo Vespucci e la fuga dei cervelli 141

9 Pinocchio e la mezza caccia 155

Tocca a noi fare meglio 175

Cronologia 187

Finito di stampare nel mese di marzo 2012
presso Grafica Veneta – Trebaseleghe (PD)

Printed in Italy